青岛李沧统计年鉴

QINGDAO LICANG STATISTICAL YEARBOOK

2004

（总第 21 期）

青岛市李沧区统计局编

中国统计出版社
China Statistics Press

(京)新登字 041 号

图书在版编目(CIP)数据

青岛李沧统计年鉴.2004/青岛市李沧区统计局编.
-北京:中国统计出版社,2004.6
ISBN 7-5037-4386-7

Ⅰ.青…
Ⅱ.青…
Ⅲ.区(城市)-统计资料-青岛市-2004
Ⅳ. C832.523

中国版本图书馆 CIP 数据核字(2004)第 046940 号

青岛李沧统计年鉴

责任编辑/蔡启新
封面设计/胡光辉
出版发行/中国统计出版社
通信地址/北京市西城区月坛南街 75 号　邮政编码/100826
办公地址/北京市丰台区西三环南路甲 6 号
电　　话/(010)63459084、63266600-22500(发行部)
印　　刷/北京顺义兴华印刷厂
经　　销/新华书店
开　　本/787×1092mm　1/16
印　　张/14
字　　数/310 千字
印　　数/1-600 册
版　　别/2004 年 7 月第 1 版
版　　次/2004 年 7 月北京第 1 次印刷
书　　号/ISBN 7-5037-4386-7/F·1849
定　　价/100.00 元

《青岛李沧统计年鉴－2004》编辑委员会

编 者 说 明

一、《青岛李沧统计年鉴—2004》是一部信息密集的资料工具书。本书通过大量地统计数据，真实地记录了一年来李沧区国民经济和社会事业发展的全面情况及发生的变化。

二、根据青岛市人民政府《关于实施属地统计的通知》(青政发[2003]66 号)文件精神，自 2003 年年报起，实行属地统计。本年鉴资料内容从 2003 年起按属地统计原则进行编辑。

三、本年鉴自 2003 年起按新的国民经济行业分类，执行新的国家标准(GB/T 4754－2002)。

四、本年鉴中的符号说明："—"表示本栏没有数字；"…"表示该项数字极小，不足计量单位；"#"表示其中的主要项；空白栏表示未掌握该项资料；"*"表示表下有注解。

五、《青岛李沧统计年鉴》自公开出版以来，受到了社会各界的重视和好评。为进一步提高年鉴的编辑水平，欢迎读者提出宝贵意见。

《青岛李沧统计年鉴》编委会

二〇〇四年三月

有事您就说 我来帮您办

■永青苑社区概况

永青苑社区居委会位于李沧区中部，南接李沧区繁华街道振华路，北靠具有全市最大的水上公园的升平苑，西傍永清路，东依进入市区要道的重庆路北部，其间高楼耸立。绿茵如织，景物精美素雅，综合了现代文明与绿化结合特色的风格。全区最大的农贸批发市场和李沧区第二人民医院座落其中，现有近三千住户，万余人口。永青苑社区居委会是全市最大的新型社区居民委员会之一，筹建于2000年，现已正式挂牌运做，建有党员活动室、老年人健身室、居民学校、红领巾活动园地、社区服务站等多项便民利民设施，是一个环境优美，卫生洁净，文明和谐的现代化小区。

■工作职责

- 宣传党的路线、方针、政策、法律，维护居民合法权益，积极引导居民履行应尽的义务，搞好社区精神文明建设，及时向政府反映居民的意见和建议。

■服务宗旨

- 为民便民利民
- 情系千家万户
- 热情周到服务
- 热情快捷迅速
- 当日定有答复
- 敬业爱岗奉献
- 接受群众监督

4618762
求助热线电话

青岛市李沧区永青苑社区居委会

地址：青岛市李沧区升平东路22号26号楼　电话：(0532)4618762　邮编：266041

九水路街道办事处

九水路街道办事处面积为29.7平方公里，人口2.5万人。2003年，办事处三个文明建设取得了丰硕成果，机关考核为优秀单位，经济综合考核为全区第一名，其中实际利用内资、实际利用外资和区内投入列全区第一名。为实现“一年大变样，三年面貌新，五年新东部”的宏伟目标，办事处将以旧村改造和经济适应房建设为切入点，重点搞好基础设施配套和公共设施建设，用五年的时间，使九水路辖区全部实现农村城市化，成为现代化新城区；以上臧工业区为依托，全面整合东部的工业资源，构筑起现代化新型工业基地；开发竹子庵、完善百果园、打造靴子石，构筑起都市农业观光旅游基地，实现东部旅游资源的融合，在将东部的旅游业做大做强的基础上，加大宣传力度，加强同市旅游部门的联系，将东部的旅游资源融合到青岛大旅游中去。

区领导出席工作总结会议

居住小区

工业基地

到2005年，实现主要经济指标在2003年的基础上翻一番；到2008年，主要经济指标在2003年的基础上翻两番。

百果园

2003年九水路街道在区率先打出机关服务品牌：我以真诚换您笑容。“我以真诚换您笑容”正在化为每个机关干部的自觉行动，对推动机关作风转变起到重要作用。

品 牌

我以真诚换您笑容

Wo Yi Zhen Cheng Huan Nin Xiao Rong

地址：青岛市李沧区九水东路348号 电话：(0532)7065238
传真：(0532)7065781 Http：//www.liujia.org

高起点 创一流
干实事 树形

植树造林绿化环境

建设李沧专题研讨会

李沧建区十年来，在区委、区政府正确领导下，全区建设系统广大领导职工以“建设现代化生态型新城区”为目标，以“一个开发，三个改造”为主线，以“治路、治河、治山”为重点，团结拚搏，艰苦奋斗，真抓实干，开拓创新，在城市建设、管理、经营领域取得了一个又一个优异成绩，全区城市面貌发生了巨大变化，城市综合功能得到了极大程度的改善和提高。

实施基础设施大项目带动战略，先后完成了振华路、重庆路、夏庄路、青山路、君峰路等59条城市道路的综合整治，李村城区、沧口北部地下管网改造建设，李村河上、中游综合整治，楼山、烟墩山、牛毛山山头公园建设，老虎山、河南庄山体恢复及绿化等大型城市基础设施改造建设项目；实施“生态城区、绿色李沧”战略，新增生态林及公共绿地304万平方米，并建成了李沧中心广场、升平路水上公园等生态型群众休闲娱乐中心，

书院路

沧口公园拆墙透绿

青岛市李沧区城市建设管理局

廉洁 勤政 高效 法型

以及十梅庵、石沟、文昌阁、大枣园等多处城市生态游园；实施旧城及村庄改造战略，完成了棚户区改造、污染村庄搬迁改造、部分城市村庄改造等旧城及村庄改造项目，十年累计竣工经济适用住房和商品住宅726.3万平方米，建成了沧台路小区、升平路小区、东南新苑、百通花园、馨苑小区、北苑风景等一批现代精品住宅小区；实施高水平管理和经营城市战略，城市管理及服务日趋成熟和规范，城市经营取得了突破性重大进展。

十年一瞬，转眼沧海桑田。回顾过去，我们豪情满怀；展望未来，我们信心百倍。我们坚信，在不久的将来，通过我们的双手和辛勤劳动，我们将在城市建设领域，为全区人民奉献一个更加美好的新李沧。

五个污染村搬迁改造

绿化改造

娄山生态林

牛毛山公园

地址：青岛市李沧区书院路62号　电话：(0532)7639222　邮编：266100

一汽解放

享受品位 尽情驰骋

法定代表人、厂长:许宪志

一汽解放青岛汽车厂是一汽解放汽车有限公司的全资子公司，国家大一型企业，青岛市重点扶持发展的十大企业集团之一，中国机械工业信息中心效绩评价RA—AA级企业。企业现有员工3039人，分为青岛四个厂区、上海浦东一汽青岛专用车厂和成都分厂。青岛厂区位于青岛市北部工业区，占地面积35万平方米，东邻青岛市主要公路干线重庆路及308国道；西邻胶济铁路；北距青岛国际空港3.5公里、娄山火车站2公里、环胶州湾高速公路4公里；南离青岛港口23公里，地理位置优越，陆、海、空交通便利。拥有总装配线、冲压线、涂装线、驾驶室焊装线、车架铆接线和从德国引进的5100吨压力机等生产线和设备，年生产能力为7万辆整车和15万台份冲压件。2002年，青岛汽车厂产销汽车分别为70000辆；销售收入118亿元；2003年产销汽车分别为65440辆，实现销售收入115亿元。

牵引车系列

青岛汽车厂主导产品为解放牌中、重型柴油载货汽车及其各种专用车和改装车。共有重型、中型、专用车和改装车等产品。包括普通载货车系列、牵引车系列、厢式运输车系列、自卸车系列、半挂车系列等品种。

厢式运输车系列

进入二十一世纪，青汽积极进行战略调整。2001年，在上海浦东建成了上海浦东一汽青岛专用车厂，主要生产解放牌专用车和改装车系列产品；2003年，在成都建成投产了单班年产10000辆整车的一汽解放青岛汽车厂成都分厂。青汽车已形成了雄居山东，北靠一汽，南跨上海，西盘四川的战略格局。

面对新世纪全球经济一体化的机遇和挑战，青岛汽车厂将始终奉行“第一汽车，第一伙伴”的理念，不断开拓创新，为建设规模百万化、管理数字化、经营国际化的新一汽，为青岛市的经济发展做出积极的贡献。

载货车系列

自卸车系列

一汽解放青岛汽车厂

AW JIEFANG QINGDAO AUTO FACTORY

第一汽车
第一伙伴

企业历程：

- **1968**年—工厂成立
- **1969**年—开始生产中型卡车
- **1982**年—加入解放汽车工业企业联营公司
- **1989**年—青岛市与第一汽车制造厂合资经营青岛汽车厂
- **1993**年—并入中国第一汽车集团公司，成为全资子公司
- **1994**年—开始生产中、重型平头柴油载货汽车系列产品
- **1996**年—产品首次出口国外
- **1997**年—通过ISO9001国际质量体系认证
- **2000**年—建成上海浦东一汽青岛专用车厂
- **2002**年—销售收入突破一百亿元人民币
- **2003**年—划入一汽解放汽车有限公司；
  建成一汽解放青岛汽车厂成都分厂；
  通过环境和职业健康安全管理体系认证.

驾驶室涂装线

驾驶室焊装线

5100吨压力机

冲压生产线

厂址：山东省青岛市李沧区娄山路2号　电话：(0532)4913615 4913570
传真：(0532)4816687 4913564　网址：www.qdfaw.com　邮编：266043

董事长、总经理：王英彬

中国石化集团青岛石油化工有限责任公司是以原油加工为主生产各类石油化工产品的国有大型企业。公司位于山东省青岛市李沧区，占地69.2公顷。原油管线由黄岛油库转输至我公司罐区，轻油管线可经青岛市石油公司至油港码头，自备铁路专用线与胶济铁路相连，公司外公路与济青、青银高速公路相接。地理位置十分优越，交通运输四通八达。

我公司前身是中国石化集团青岛石油化工厂，始建于60年代，现有职工2000余人。2003年12月28日实施债转股后，注册成立中国石化集团青岛石油化工有限责任公司。40年来，青岛石化经过不断发展，目前已具备30万吨/年原油加工能力。生产装置包括常减压蒸馏、重油催化裂化、柴油加氢、催化重整、硫磺回收、气体分馏、聚丙烯、汽油脱硫醇、干气回收、氧化沥青等10余套，另有供水、供电、供汽、油品储运、原油及成品油输油管线、环保、消防等相应配套的辅助生产设施。公司2003年末总资产达30亿元。生产的主要产品有：90#清洁汽油、93#清洁汽油、0#柴油、10#柴油、煤油、石脑油、油漆用工业溶剂油、石油液化气、燃料重油、丙烯、聚丙烯、硫磺、环烷酸等10多个品种。

◆催化重整装置区

◆油品罐区全景

Qing Dao Shi Hua
Xin Yu Man Tian Xia

WOMEN HUANYINGNIN WU

郑庄村党委书记、主任徐修太

郑庄位于中国山东省青岛市李沧区东部，中国著名风景区崂山脚下。现有外资企业23家，私营个体户200多家。其中以仓储服务业、运输业、建筑业、木器加工，手工艺品，发制品，健身器材和运动帽衬布等行业为重点。公司连续多年被评为青岛市外经工作先进单位，青岛市红旗党委，青岛市文明村庄标兵单位等称号。

为把郑庄建设成一个经济发达，美丽富饶，高度文明的现代化村庄，郑庄人正以饱满的热情建设着自己的家园。郑庄人民将张开双臂欢迎您——四海宾朋！

郑庄村目前引进外资企业23家，
图为每年一度的外资企业新年座谈会。

郑庄村领导与投资1000万美元的韩国成信株式会社负责人签约

欢迎您
四海宾朋

郑 庄 实 业 总 公 司

一心奔小康 郑庄大变样

Yixin Ben Xiaokang Zhengguang Da Bianyang

图为郑庄村投资50余万元建立的李沧区第一家村级有线电视自办电视节目《一周记事》

村领导走访老干部

2000年，村党委书记、公司总经理徐修太主持开发了“郑庄工业园”，是李沧区五大园区之一。工业园总投资5800余万元，园区占地面积20万平方米，园内水电等基础设施完备，道路畅通，基本实现了“五通一平”的配套设施，投资环境优越，发展园区经济条件得天独厚，将容纳30-50个不同类型的企业入园，形成一个高标准，高层次的村级工业园区，被山东省侨联命名为“山东省华侨华人青岛创业园”。目前该园已引进韩国成信马达有限公司等外资企业12家，公司共引进内外资企业30余家。

郑庄村的老年人在晨练

中国青岛市李沧区郑庄实业总公司　地址：青岛市李沧区九水东路郑庄村委
电话：(0532)7603000　传真：(0532)7602662　邮编：266100　网址：www.zhengzhuang.com

开拓致富之路

“小康”处处展现

党支部书记兼总经理：刘维俊

拼搏、开创、致富，一心为乡村发展是刘维俊同志念念不忘的理念。刘维俊上任时，正是村里最困难的时候，村里连发工资的钱也拿不出，人均收入仅几百元，村民只能靠种果树维持生活。面对百废待兴的现实，一要稳定，二要发展，刘维俊首先想到的是要有一个团结有力的党支部。15年来，充分发挥党支部的战斗堡垒作用，渡过一道道难关，始终保持昂扬向上的精神面貌。

如何发展？他毅然到广州、温州、上海、江苏、天津、北京等地考察学习，功夫不负有心人，刘维俊脑海里终于形成了清晰的发展路子：以发展工业为突破口，壮大集体经济。成立了加油站和预制厂等两家企业，通过借鸡生蛋使集体经济增加了，农民也获得了不错的收入，人们开始相信这位憨厚率直的带头人。以二产带三产，发展旅游经济。他将目光转向了外资企业，建起了5200平方米标准厂房，完美了基础配套，引进来了维得皮革、顺祺发制品、永铭服装等外资企业，并以此为基础，在村西成立了工业园。现在，刘家下河村共引进外资企业25家，实际投入400多万美元。刘维俊把穷山沟变成绿山清水，他带领村民十年前就开始植树，今年又种植了5万多棵树，请了设计人员设计规划靴子石公园，开发靴子山，开发旅游项目。我们强烈感受到刘书记的历史责任感和深深的爱民情，刘书记非常重视人才，非常重视环境建设和环境保护，非常注重创新工作思路，在开发靴子石公园时，将水库挖掘同修路联系起来，同修补山体，一举两得，节约了大量资金。用1万元钱干10万元的活，现在发展到内外资企业30多个，村民人均收入达11000元。就这样把一个不景气的村庄变成李沧小有名气的小香港。

富饶的土地　拼搏的精神　成功的基础

青岛市李沧区九水路街道办事处刘家下河村

地址：青岛市李沧区九水东路348号　电话：(0532)7065238　传真：(0532)7065781　Http://www.liujia.or

目 录

七、建　筑　业

八、房地产业

九、对外经济

十、引进内资

十一、固定资产投资

十二、城市建设、环境保护

十三、从业人员及职工工资

十四、服　务　业

十五、教　　育

十六、卫生、社会保障和社会福利业

十七、文化、体育和娱乐业

十八、科学研究、技术服务

十九、储蓄、保险

二十、财政收支

二十一、司　法

二十二、工　会

二十三、婚姻登记

二十四、社会团体

二十五、行政区划

政府工作报告

——2004年2月2日在青岛市李沧区第三届人民代表大会第二次会议上

青岛市李沧区区长　　王殿章

各位代表：

现在，我代表李沧区人民政府，向大会作政府工作报告，请予审议，并请区政协委员和其他列席人员提出意见。

2003年工作回顾

2003年是我区新一届政府深入贯彻党的十六大精神、开启五年发展新征程的第一年，是全面建设小康社会、率先基本实现现代化的奠基之年。一年来，在市委、市政府和区委的正确领导下，在区人大、政协的监督、支持和社会各界的关心配合下，区政府团结带领全区人民，众志成城抗非典，一心一意谋发展，全区经济建设、城市建设和社会各项事业持续快速健康发展，圆满完成了区三届人大一次会议确定的年度任务。

一、国民经济保持了较高增长态势，运行质量和效益稳步提高

继续实施"突出发展二产，繁荣提高三产，培育精品一产"的经济发展战略，经受住了非典疫情的严峻考验，国民经济保持了良好的发展态势。全年完成国内生产总值83亿元，增长19%；第二产业增加值63亿元，增长19%，其中，工业增加值56亿元，增长20%；第三产业增加值20亿元，增长18%；实际利用外资6453万美元，增长39.7%；实际利用内资11.4亿元，增长8.6%；出口总额5.95亿美元，增长38.4%；固定资产投资43亿元，增长55%；社会消费品零售总额38亿元，增长16%；辖区内财政总收入实现21.65亿元，同比增长12.8%，其中，地方一般预算收入实现8.8亿元，同比增长13.8%，区级财政收入3.77亿元，同比增长22.2%。

（一）构筑"三大基地"，结构调整见成效

现代制造业基地建设快速推进。一是突出西部大企业主体地位，着力推进技改项目建设。橡胶集团子午线轮胎技改项目、青钢集团全连续小型轧机技改项目完成投资5亿元和1.8亿元，分别达到了270万套子午线轮胎和60万吨小型材的年生产能力，青钢集团全年铁、钢、钢材产量均突破200万吨；青岛石化投资4000万元进行了催化重整和柴油加氢精制项目的技术改造。二是配套经济发展迅速，整体水平有了大幅度提高。一汽、青钢等大企业为配套经济发展提供了广阔空间，汽车配件、造纸及纸制品

行业发展势头尤为强劲。帅潮实业公司的汽车刹车尼龙软管项目顺利投产，华东包装有限公司95%的产品为海尔配套。三是投入力度进一步加大，重点经济投资项目进展顺利。调整完善了《对税源建设先进单位进行奖励的办法》等七项鼓励经济发展政策，发放各类奖励资金3980万元，有效刺激了投入的快速增长。全年完成技改投资18亿元，盛林纺织有限公司喷气织机技改项目投资额达1.9亿元，一期工程完成投资8000万元，鑫达包装厂投资1890万元新增一条瓦楞纸生产线。四是实施科技驱动战略，企业信息化水平不断提高。维客集团投资2000余万元，构筑了“e连锁”电子商务平台。崂山电子仪器总厂的烟尘烟气连续监测系统和新宇田公司的高仿真聚氨酯树脂两项科技成果获得了市科技成果转化奖，ADSL宽带接入系统终端设备、汽车双列角接触球轴承等分别被认定为国家级重点新产品。

现代商贸物流业基地建设势头良好。进一步巩固了青岛市重要的商业中心地位，维客、北方国贸、利客来加快实施规模扩张和连锁经营，发展加盟店达400余家，实现销售收入17亿元。崂山百货大楼、北方国贸改扩建工程顺利完工，新增营业面积1.8万平方米，“真情维客”等3个服务品牌被评为中国商业服务名牌，向阳路商圈辐射力进一步增强。加快构筑东李商圈和沧口商圈。好美家青岛装潢建材超市李沧店和东李跃盛鞋城先后开门纳客。颐中集团与维客集团联手组建了维客沧口购物中心，与沧口爱客家超市、广大购物广场共同带动了沧口商贸业发展。市场建设步伐加快，金属材料批发市场、青岛茶叶市场改建项目先后完成，新锦华酒店用品批发市场即将开业。物流业展现了广阔前景。投资3000万元建成了青岛市区最大的货运交易市场，一汽集团、交运集团分别投资3000万元、2600万元建设了仓储中心和物流中心，重庆中路现已成为汽车生产、销售、仓储、物流的重要集散地。

生态旅游基地建设取得新进展。制定实施了《李沧区旅游发展总体规划》。投资3048万元对百果山田园风景区、靴子石公园景区、十梅庵风景区实施了基础设施配套，百果山森林公园被批准为市级森林公园。宣传推介了以百果山田园风景区、十梅庵风景区为中心的两条旅游线路，成功举办了2003年中国青岛赏花会，整体推进了以都市农业为载体的旅游业发展。

（二）强化招商引资，“数质并举”促开放

“数质并举”战略初见成效，利用外资再创历史新高。全年新增外资项目71个，增资项目27个，其中过百万美元项目12个。青岛银钢炼铁公司和青岛银钢烧结公司项目总投资达到6000万美元，引进了宝马、日绵、丰田3家世界500强企业的项目。加大贷款贴息等财政扶持力度，为出口企业办理贷款贴息763.6万元，促进了外贸出口稳步增长。吸引内资能力大为增强。引进内资项目350个，其中过千万元的大项目25个。投资3.2亿元的青钢集团钰尊线材项目，投资1.67亿元的青联股份有限公司与深圳农产品有限公司合作项目，投资1.18亿元的青岛新达中医药研究院项目等先后落户李沧，提升了招商引资质量和水平。实施“走出去”战略，松林实业、天湾电机、创绍电子分别在非洲、美国和日本设立公司（办事处）。区域经济合作不断增强，河北工贸公司、达翁集团公司走出李沧分别建立了东海珍品培育基地和东方新巴黎购物中心。

（三）激活民间资本，民营经济添亮点

在市场准入、税费征缴、社会保障、政策扶持等方面创造公平竞争的发展环境。

进一步完善了注册登记网络审批中心功能，建立了行政许可限时办结制度和商标联系点制度，创建了10个省市著名商标。拓宽民营企业的融资渠道，成立了青岛厚德担保有限公司，为市场前景好、发展潜力大、技术含量高的中小企业提供贷款担保。全年新增个体工商户4294户，私营企业890家，分别增长36%和39%；实缴税金1.7亿元，增长41.7%。

（四）加快体制创新，企业改革显活力

加快企业产权制度改革，不断完善现代企业制度。截止目前，共完成区、街属企业改制139户，占应改制企业数的94.6%。出台了《关于进一步推进区属企业改制的意见》，用改制企业国有资产出让金妥善安置困难改制企业职工，累计出资326万元安置了7家困难企业职工397名。鼓励私营企业参与公有企业改革，林达实业有限公司采用买断有效资产形式控股青岛钢丝绳厂，有效盘活了国有企业闲置资产。积极探索解决"城中村"集体经济组织改制的新路子，采取集体资产量化和股东参股的方式，完成了刘家企业（集团）公司的改制。

（五）拓宽就业渠道，保障体系趋完善

把就业和再就业工作摆到更加突出的位置，建立了促进就业资金保障制度，改善了劳动力市场和培训基地设施，加强对下岗、失业人员的技能培训，成立了10个街道劳动保障中心，发展非正规就业劳动组织64户，开发公益性岗位4500个，安置就业4210人，弱势群体安置率达到89%以上。进一步加强了劳动监察力度，对拖欠民工工资问题进行了专项治理，全年共办理劳动争议案件100件。切实落实"两个确保"和"三条保障线"制度，城乡"低保"实现了三级联网，累计发放各类保障金、救济金、补助金4493万元。

二、基础设施建设稳步推进，城区面貌明显改观

突出规划的先导地位，编制完成了12个片区30平方公里的控制性详细规划。投资4.79亿元加快城区基础设施建设步伐。李村城区地下管网一、二期工程、唐山路市政设施大配套工程、李村河两岸硬化工程以及青岛碱业热电联产工程顺利竣工。硬化改造了长岭路、君峰路、延寿宫路等12条沙土路，新建翻建了天水路、金水路、书院路等12条主次干道，共改造车行道28.1万平方米，人行道16.4万平方米，铺设各类管线4.9万米。加快推进旧城旧村改造。楼山工业区村庄搬迁改造二、三期工程进入了验收阶段，海信北苑风景、百通花园三期、金秋小区一期、虎山花园二期等先后竣工，广业小镇、华易春之都等陆续开工建设。对湘潭路、金水湾、双峰山等片区经济适用房建设项目进行了前期论证。全年新开工面积111.2万平方米，竣工面积64.3万平方米，极大地改善了城区居民的居住条件。生态环境建设呈现新亮点。坚持"大配套，小环境"的改造思路，建成了青山路两侧绿带、楼山河两岸生态林、石沟游园二期、下王埠游园等24处公共绿地和游园。实施封山育林和废弃采石场植被恢复，全年新增绿地面积26.1万平方米。积极探索城市管理长效机制。新建两处垃圾转运站，实现了垃圾收集、中转、清运一条龙。认真做好清查土地工作，对园区和非法建设用地进行了集中清理整顿，拆除各类违法建筑22.5万平方米。充分发挥城市管理行政执法局综合执法职能和"城管110快速反应指挥中心"作用，及时查处占路经营、乱贴乱

画等违法行为。开展了“蓝天工程”和“放心煤工程”，淘汰燃煤锅炉16台，大气质量有了明显改善。盘活城市存量资产，沧口公园认养、李村公园冠名等成功推向市场，为经营城市探索了新途径。

三、社会各项事业全面繁荣，精神文明建设卓有成效

实施“科教领先”战略，建立了区科技网站，组织企业申报市级以上各类科技计划34项，全年投入科技三项经费845万元，顺利通过了全国科技工作先进城区的复核验收。创建省、市、区级规范化学校6所，投资1100万元建成了李沧教育信息中心和校园网，“校校通”和“班班通”工程的实施推动了教育现代化的发展。社区教育工作得到加强，完善了区、街、居三级社区教育网络。“李沧之春”、社区文化节、欢乐假日广场文艺演出等群众性文化活动丰富多彩。李沧文化名人库初步建立，明真观修复和区影视娱乐中心工程进展顺利。群众性体育活动蓬勃开展。面对突如其来的非典疫情，全区上下万众一心，群策群力，成功构筑了“横到边，纵到底”的防治非典网络体系，深入持久地开展了“三项整治”和爱国卫生运动，初步构建了公共卫生预警应急处置机制，防治非典取得了重大胜利。区属医疗机构基础设施配套不断完善，社区卫生服务体系进一步健全。创新计划生育优质服务机制和利益导向机制，“婚育知心超市”等系列服务品牌深受育龄群众欢迎。区老年人活动中心主体完工，69处“星光老年之家”、6处社区残疾人康复园地先后建成。建立了全市首家“低保超市”，启动了慈善医疗救助项目。双拥共建向纵深推进，圆满完成了军嫂安置工作和冬季征兵任务。在全省率先建立了《妇女发展纲要》和《儿童发展纲要》监测数据库。强化依法治区，深入开展普法依法治理活动，建立了区法律援助中心和两所法制学校，健全了基层人民调解网络和法律服务体系。认真办理群众来信来访，有效化解了各类矛盾。实施了社会治安“护城河”工程，广泛开展了创建“平安大道”、“八无”社区活动，社会治安防范控制体系不断完善。深入开展“严打”斗争和“扫黄打非”等专项整治活动，整顿和规范市场经济秩序取得明显成效。强化安全生产，扎实推进消防社会化城区创建工作。深入贯彻实施《公民道德建设纲要》，广泛开展了读书节、“双岗工程”、“爱在家园”、“三让”等群众性精神文明创建活动，城区居民综合素质不断提高。另外，我区还荣获了全国第二次基本单位普查先进集体等荣誉称号。民族宗教、台侨、档案、史志、人防等工作都有新的提高。

四、政府职能加快转变，自身建设切实加强

深化政府管理体系“五项工程”，进一步转变政府职能。修订完善了《政府工作规则》，健全了政务公开和服务承诺制度，设立了李沧区政务网站，建立了区政府新闻发布会和发言人制度，增加了政府工作的透明度。行政审批制度改革进一步加快，累计取消、降格行政审批事项183项，占总数的72.3%。清理了1992年以来的全区性规范性文件，废止78件，确保了全区政策、措施的连续性、准确性和统一性。积极开展“四型机关”创建活动。坚持政府系统领导干部学习日制度，深入开展了机关作风整顿、品牌机关创建以及解放思想大讨论活动，不断提高公务员的发展意识、机遇意识、创新意识和竞争意识。自觉接受人大、政协、民主党派以及社会各界的法律监督和民

主监督，办理市、区人大代表建议和政协提案194件，办理市长、区长公开电话件、网上信箱件以及新闻曝光件3000余件（次）。充分发挥工会、共青团、妇联等群众团体的桥梁纽带作用，不断拓宽与人民群众联系和沟通的渠道。加强廉政建设，建立健全了领导干部经济责任审计制度和责任追究制度，及时查处违法违纪案件，政风建设得到切实加强。

各位代表，过去一年经济社会的大发展，改革开放的新成就，安定团结的新局面，是全区上下一心一意谋发展，聚精会神搞建设的结果，凝聚着全区人民的智慧和汗水，凝聚着人大、政协、民主党派、群众团体和社会各界的监督和支持，凝聚着驻区单位、部队的关心和奉献，在此，我代表李沧区人民政府向所有关心、支持、参与李沧区三个文明建设的同志们、朋友们表示衷心地感谢，并致以崇高的敬意！

在看到这些成绩的同时，我们也清醒地认识到，在经济发展、城市建设以及政府自身建设等方面还存在着一些问题：产业和产品的结构性矛盾仍然存在，第三产业比重偏低，高科技含量、高附加值、高贡献率产品比重不大；企业发展机制不够灵活，改制企业的规范化管理需进一步加强；城市建设多元化投资渠道有待拓宽，城市管理长效机制需进一步完善；城市文明程度有待提高，政府机关部分工作人员服务意识和大局观念不强等等。对于这些问题，我们将高度重视，采取切实措施，努力加以解决。

2004年主要目标和任务

今年是全面建设小康社会，完善社会主义市场经济体制的重要一年，是实现“十五”计划和新一轮加快发展目标，推进城市化进程的关键一年。纵观今年的国内经济环境，党的十六届三中全会明确了完善社会主义市场经济体制的目标和任务，中央经济工作会议提出了全面、协调、可持续的发展观，继续实施积极的财政政策和稳健的货币政策，为经济发展和社会全面进步注入了强大动力；省委、省政府加快推进半岛城市群和胶东半岛制造业基地建设，青岛必将成为国外资本和制造业大规模转移和抢滩登陆的重要市场，为地处青岛产业区的李沧发展带来了新的机遇。同时，经过近年来的持续投入、深化改革、扩大开放以及一批重要基础设施和重点投资项目的建设完成，极大地鼓舞了全区人民的发展热情和创业斗志，为今年的经济和社会发展奠定了良好的基础。我们将以贯彻落实省、市一系列会议和区委三届三次全委（扩大）会议精神为契机，万众一心抓牢发展第一要务，齐心协力推进城市化进程，掀起解放思想、干事创业、加快发展的新高潮。今年区政府工作的总体要求是：**以邓小平理论和“三个代表”重要思想为指导，全面贯彻十六大和十六届三中全会精神，围绕全面建设小康社会的奋斗目标，树立全面、协调、可持续的发展观，加快构筑“三大基地”，推进城市化进程，加强精神文明和民主法制建设，推动国民经济持续快速协调健康发展和社会全面进步。**

综合分析各种因素和我区自身实际，今年经济社会发展的主要指标安排是：

国内生产总值97.1亿元，增长17%；

第二产业增加值73.6亿元，增长17%，其中，工业增加值65.5亿元，增长17%；

第三产业增加值23.4亿元，增长17%；

实际利用外资 7744 万美元，增长 20%；

实际利用内资 13.6 亿元，增长 20%；

出口总额 6.37 亿美元，增长 7%；

固定资产投资 53.7 亿元，增长 25%；

区级财政收入 3.86 亿元，同比增长 13.5%；

安置就业 13000 人；

人口自然增长率控制在 3.5‰以内。

按照上述要求和奋斗目标，我区今年的主要任务是：

一、坚持协调发展，增创区域经济新优势

加快全面建设小康社会的步伐，必须瞄准目标促发展。围绕“构筑富有活力的现代制造业基地、重要的现代商贸物流业基地和富有吸引力的生态旅游基地”发展目标，提升制造业水平，提高服务业比重，突出生态旅游特色，通过招商引资促进产业结构升级，深化改革推动体制创新，激活社会资本推进城市化进程，实现国民经济全面、协调、可持续发展。

（一）调整结构，提高经济增长质量和效益

全面提升制造业水平和竞争力。西部老工业基地是青岛市钢铁、橡胶、石化等传统产业集聚地和发展产业集群的重要地带，也是我区构筑富有活力的现代制造业基地、大项目建设和配套经济发展的重要支撑。因此，要继续突出大企业的主体地位，紧紧围绕“盘活大企业闲置资源，关注大企业发展走势，加快主体大项目推进，引导大企业进行环境整治，组织中小企业为大企业配套”等工作重点搞好服务。在市委、市政府的帮助支持下，围绕现有大企业发展产业集群，充分利用外资、内资和民资整合西部部分国有企业闲置的厂区、厂房等存量资产，焕发老工业基地的生机和活力。配套企业要在项目规模、技改投入、结构优化、产业升级上实现新突破，不断增加高附加值、高科技含量产品比重，显著提升产品增值能力和产业分工地位，加快配套经济升级。利用东部空间优势，在着力引进大项目的同时，进一步整合东部工业集中区的项目资源，努力发展科技含量高、经济效益好、资源消耗低、环境污染少、人力资源优势得到充分发挥的新型工业，提高项目的可选择性。

大力提高服务业水平和档次。服务业尤其是高水平服务业发展是我区整个经济发展链条中的薄弱环节。为此，要把加快服务业发展作为优化产业结构、增加财税收入、扩大劳动就业和加快城市化进程的重大举措，树立大服务、大市场、大开放的现代服务业理念，逐步改变我区服务业发展的落后局面。以向阳路、东李、沧口三大商圈为依托，引进、培育和完善一批服务功能全、集聚力和辐射力强的大型超市以及品牌店、名牌店、专卖店，实施向阳路步行街扩建工程，优化商业布局，活跃商贸流通。积极发展连锁经营、物流配送、电子商务等新型业态，精心打造全省乃至全国连锁经营的标志性品牌，用现代化手段提升维客、北方国贸、利客来等商贸集团的核心竞争力。依托重庆路、308 国道重点培育汽车交易市场和货运配载市场，完善汽车生产、销售、仓储、配送等一条龙服务体系。以把金属材料批发市场、华中蔬菜批发市场、农副产品批发市场、青岛茶叶市场、新锦华酒店用品批发市场培育成为区域性的大型专业批

发市场为方向，发挥区位优势，创新市场机制，完善功能配套，逐步增强我区批发市场的吸引力和竞争力。实现餐饮娱乐提级升档，加快推进房地产开发和经济适用房建设，积极发展教育、卫生、文化、体育等需求潜力大的社会服务行业和信息、会计、咨询、法律服务等中介服务业，挖掘服务业新的增长点，不断提高服务业比重。

积极发展以都市农业为载体的旅游业。进一步完善并分步实施《李沧区旅游发展总体规划》，充分发掘旅游资源潜质，有效发挥区域资源优势，突出生态主题和精品意识，搞好旅游线路策划和项目建设，开发竹子庵，完善百果山，做强十梅庵，初步形成“西有十梅庵，东有百果山”的旅游发展格局。

（二）扩大开放，实现招商引资提质促优

坚持“三个延伸”，实施“三为主”战略，扩大招商引资规模，提高项目质量和引资水平。

坚持“三个延伸”，促进结构优化。在引资领域上，实现由加工制造环节向前期研发、后期营销环节延伸；在招商重点上，实现由机电、服装等行业向产业聚集和服务业延伸；在投资方式上，实现由单一外商投资向企业并购、入股等多元化投融资方式延伸。围绕“三个延伸”，充分利用国际国内两个市场、两种资源，迎接产业转移，加强区域经济合作，促进产业结构优化升级。

实施“三为主”战略，促进外经贸工作新突破。一是以大企业和服务业招商作为主要突破口。围绕汽车、钢铁、石化、橡胶等大项目建设和汽车配件、电子电器、机械制造、纺织印染、精细化工等5大重点行业，全力以赴引进质量高、产业关联度大、带动作用强的项目，找准资本和技术的嫁接点和双方合作的切入点，实现合资合作，形成链状企业群体。以CEPA协议实施为契机，把招商的重点逐步向适宜在李沧发展且有载体支撑的服务业转移，精心策划商贸物流、中介咨询、餐饮娱乐、房地产开发、生态旅游、教育卫生等六大招商板块，实现第三产业招商引资新突破。二是以韩、日、德、台、港作为招商引资的主攻方向。突出对韩、日、德、台、港的招商主体地位，兼顾其他国家和地区，根据国别重要性、城市选择性、产业（项目）针对性制定具体的招商战略。在全面摸清地块面积、规划用途、厂房设备、引资意向及合作条件等招商资源的基础上，结合我区企业的技术水平和生产能力，围绕相关城市、行业和重点企业，力争把更高技术水平、更大增值含量的产业项目引入我区。同时，加快招商队伍的培养和建设，创新用人机制和招商引资奖励机制，重点培养招商专业人才，引进部分跨领域、跨专业的复合型人才，初步建立一支专业技术过硬、熟练掌握外语、熟知李沧区情的人才队伍。三是以李沧东部和西部老工业基地作为招商引资的主区域。依托东部新区的空间优势和西部老工业基地的产业优势，有针对性地实施主导产业、龙头企业和知名品牌招商，把好单位面积投入产出率、提供税金、区级实得、安置就业以及达产达效所需时间五个关口，不断提高项目质量和土地利用率。

另外，充分估计出口退税政策调整对外贸出口产生的影响，增强风险意识，提高应对能力。采取巩固出口大户、扩大出口队伍等措施，稳定出口增长。

（三）深化改革，推进体制机制创新

按照“三推进”工作思路，深化企业改革。一是推进各类公有制企业改制，建立混合所有制经济体制。以市场为导向，促进公有资本有进有退、合理流动，大力发展多种所有制相互参股的混合所有制经济，实现投资主体多元化。在刘家企业（集团）公司试点的基础上，选择部分集体有资产、发展有后劲、村（居）民有要求、班子有魄力的村庄（社区），以明晰产权为重点，完成集体资产处置和企业改制工作，促进混合所有制经济发展。二是推进改制企业规范管理，完善公司法人治理结构。按照《公司法》和现代产权制度要求，加强对改制企业的监管和服务工作，树立几家运作规范、机制完善、发展稳定、效益突出的企业典型，带动其他改制企业转换经营机制，深化劳动用工、人事和收入分配制度改革。三是推进劣势企业退出市场，畅通职工安置和退出渠道。把《关于进一步推进区属企业改制的意见》作为推动困难企业改革的润滑剂和助推器，妥善安置企业职工，完成应改企业的改制任务。

大力发展和积极引导非公有制经济。通过放开市场、放宽领域、消除障碍、公平竞争、强化服务，调动社会蕴藏的创业积极性。大力支持民营企业参与国有企业改组改造、基础设施建设和公用事业发展，为个体私营经济创造更大的发展空间。充分发挥经济发展政策和中小企业担保基金的扶持作用，拓宽中小企业的融资渠道，促进一批重点企业向规模化、集团化、现代化、国际化方向迈进，实现民营经济的二次创业。

（四）促进就业，逐步健全社会保障体系

就业是民生之本，也是稳区之策。以社会保障救助资金、国有资产出让金为主，建立促进就业资金保障制度。筹建一处大型综合性劳动力人才市场，完成5处街道劳动保障服务中心达标任务。把调整结构、深化改革、兑现奖励与扩大就业结合起来，建立区、街、居三级联动就业机制，多渠道开发就业岗位。优先安排困难群体就业，有针对性地开展面向就业弱势群体的职业培训和指导，形成以培训促创业、以创业促就业的机制。进一步健全社会保障体系，完善最低生活保障和社会救助制度，抓好“两个确保”和“一个低保”，提高农村最低生活保障标准，加快社会保障一体化进程。

二、坚持建管并重，加快城市化发展新进程

加快全面建设小康社会的步伐，必须加强城市建设和管理。坚持高起点规划，高标准建设，高效能管理，谋大思路，动大手笔，努力把李沧建设成为适宜投资兴业、居住休闲、旅游购物的现代化新城区。

加快经济适用房建设和旧城改造，构筑现代化新城区大框架。抓住我区成为全市经济适用房重点建设区域的机遇，坚持走可持续发展之路，全面推进城市化进程，加快把东部建设成为经济社会与环境相协调、自然生态与现代文明相融合的现代化新城区。利用三年左右的时间，在东部大规模建设经济适用房和商品房，实现与25个村庄一起改造，与基础设施、公共服务设施一起配套。进一步突出规划的先导地位，调整控制性规划指标，编制详细性规划，指导工程建设。把治理整顿违法占地、规范用地秩序摆上重要议事日程，严格依法办事，积极为所有按规范开工建设项目的实施创造条件。采取堵疏结合的方式，逐步解决村级集体经济发展与土地规划之间的矛盾，不断提高土地利用率，减少建设和配套成本。加快旧城改造步伐，完成楼山工业区村庄搬迁改造工程，实施西流庄、小枣园、东北庄等村庄（社区）改造，完成福林苑小区一期、虎山花园三期、华易春之都、金水翠园、广业小镇等住宅小区建设，提高居民的居住条件和生活质量。

推进基础设施建设，优化新老城区服务功能。加快东部新区与老城区在功能、交通、配套方面的对接。继续加大河道综合整治投入，对李村河中下游、板桥坊河进行综合治理，增添城市新的生态亮点。进一步加大城市基础设施建设力度，对李村城区、沧口北部地下管网配套进行续建，提高污水集中处理率，对永平路、安顺路、遵义路等道路进行综合整治。实施天水路立体绿化和沧口公园拆墙透绿工程，对青银路两侧山体以及河南庄山、枣儿山、坊子街山进行山体恢复和绿化，将虎山与十梅庵公园连片建成市级森林公园和市区北部“绿肺”。大力发展城市燃气、集中供热，淘汰燃煤锅炉，开工建设虎山热力项目，力争后海热电项目年内全面建成投产，逐步提高清洁能源的比重。扩大噪声达标区和烟尘控制区的覆盖范围，实现生态环境与社会发展的良性循环。

进一步整合城市资源，积极创建城市管理长效机制。树立经营城市理念，把东部经济适用房建设作为突破口，通过市场化手段引入有实力、有品牌、有影响力的房地产商参与开发建设，提升房屋建设、管理和服务水平。吸引外资和社会资本参与停车场、广场、公园、步行街、绿地等基础设施和公共服务设施建设，形成多元化的投融资渠道。充分发挥城市管理行政执法局的综合执法功能，建立完善“城管 110 指挥网络”，围绕城市管理方面的突出问题，加大执法力度。进一步深化城市管理体制改革，继续开展“文明示范路”创建活动，创新道路保洁、市政养护、绿化美化机制，不断提高服务标准和管理水平。广泛深入地开展群众性爱国卫生运动，综合整治城区环境，共同营造整洁、舒适的生活环境。

三、坚持以人为本，开创社会事业发展新局面

加快全面建设小康社会的步伐，必须坚持以人为本，大力发展社会主义精神文明和政治文明，促进社会全面进步。以创建全国社区建设示范区为目标，推动社区建设向更高水平迈进。加快 25 个村庄农转非步伐。创建 11 处集拓宽社区服务、繁荣社区文化、发展社区医疗、指导社区就业、维护社区治安于一体的标兵示范社区。成立李沧区慈善会，建立流动低保超市和 8 处社区残疾人康复园地，打造社区建设新亮点和社区服务品牌。深入开展争创市级敬老模范区活动，建设 60 处健身路径。实施“科教领先”和“人才强区”战略，规划筹建李沧科技宫，在充分发挥现有人才作用基础上，加快引进我区经济发展、城市化建设急需的中高级人才，建设一支规模相当、结构合理、素质较高的人才队伍。积极稳妥地推进事业单位改革。以教育信息化推动教育现代化，强化社区教育，构筑终身教育体系，创建学习型城区。开工建设重庆中路第一小学，完成四流中路第三小学、百通花园配套小学建设。迁址扩建图书馆，筹建博物馆，完成李沧影视娱乐中心改建工程。积极推进文化体制改革，促进文化全面繁荣。以 2004 年中国青岛赏花会等节庆活动为舞台，促进文化与经济融合。强化公共卫生管理职能，积极推进公共卫生体系建设，提高公共卫生突发事件应急反应能力。进一步整合卫生资源，推进医疗卫生体制改革与创新，为争创全国社区卫生服务示范区创造条件。以计划生育优质服务为主线，创建省计划生育优质服务先进区。密切军政军民关系，将“双拥共建”活动引向深入。高度重视社会稳定工作，继续实施社会治安“护城河”工程，坚持重心下移，关口前移，夯实基层基础，创建“平安李沧”。加大

对“法轮功”等邪教组织的打击力度，重视人民来信来访，切实解决群众反映的热点、难点问题。提高安全生产责任意识，加大监督检查和防范力度。积极稳妥地开展属地统计，完成第一次全国经济普查任务。加快《李沧区志》创修工作，扎实推进兵役、人防、民族宗教、台侨、档案等各项事业协调发展。

四、提高执政能力，塑造务实高效政府新形象

按照为民、务实、清廉的要求，加强自身建设，不断提高执政能力和服务水平，塑造思路更实、观念更新、效率更高的政府新形象。

一是切实提高领导干部的执政能力。随着改革的持续深入、城市化的加快推进和各方利益关系的调整，在全面建设小康社会、率先基本实现现代化的伟大征程中，会出现许多新情况新问题，这就要求政府公务员特别是领导干部要坚持以“三个代表”重要思想武装头脑，学习市场经济、现代科技、法律法规等知识，不断提高执政能力。通过学习，切实增强政治意识、大局意识、责任意识和防范意识，在错综复杂的社会矛盾和困难问题面前始终保持清醒的政治头脑、较高的政治素质、较强的鉴别能力和敏感性。通过学习，切实提高科学判断形势、驾驭市场经济、应对复杂局面和解决实际问题的能力，吃透上情，摸准下情，科学决策，用发展的办法解决前进中出现的新情况新问题。通过学习，树立正确的政绩观和发展观。为政之道在于安民，安民之要在于察其疾苦。坚持近民、亲民、爱民，力戒躲民、怕民、防民，怀着对群众深厚的感情，真心实意地帮助群众解决生产生活中的实际困难，让人民群众在改革发展中得到更多的实惠，做到物质上富裕，政治上民主，精神上富足。

二是切实加强民主法制建设。狠抓《行政许可法》的贯彻落实，提高依法行政水平，建设法治政府。加大宣传和培训力度，增强公务员的法制观念和责任意识，严格按照法定权限和程序行使权力、履行职责。进一步巩固行政审批制度改革和清理规范性文件成果，认真清理实施行政许可主体。加大行政效能考核评议力度，强化执法责任制和执法过错追究制，做到严格执法、公正执法、文明执法。推进政务公开，实行重大事项公示公开、问策于民和专家评审制度，认真落实政府新闻发言人制度。自觉接受区委的领导，认真贯彻区委工作会议、区委三届三次全委（扩大）会议精神。依法接受人大及其常委会的监督，认真落实各项决议、决定。主动接受政协的民主监督，支持政协履行参政议政职能。认真办理人大代表建议和政协提案。自觉接受群众、社会和舆论监督，积极听取各民主党派、工商联、人民团体和各界人士的意见。充分发挥李沧政务网站、区长网上信箱、公开电话、效能投诉电话的作用，不断拓宽与民沟通的方式和途径，提高决策透明度和公众参与度。

三是切实转变政府机关的工作作风。深入持久地开展反腐败斗争，始终保持谦虚谨慎、不骄不躁的作风，保持艰苦奋斗的作风，堂堂正正做人，清清白白为官，扎扎实实办事，真正做到权为民所用、情为民所系、利为民所谋。把狠抓工作落实、确保政令畅通作为转变工作作风的关键环节，以重要会议决定、决议的贯彻落实和政府实事、重点工作目标、重点经济投资项目为督查重点，搞好目标分解和责任分工，件件查进度，层层抓落实，坚决消除工作中“梗阻”现象，切实把各项工作落到实处，努力开创改革发展稳定的新局面。

各位代表，今年是充满机遇和极富挑战的一年，让我们在党的十六大和十六届三中全会精神指引下，深入贯彻“三个代表”重要思想，进一步解放思想，凝聚力量，与时俱进，开拓创新，为建设李沧区更加美好的明天而努力奋斗!

2003年国民经济和社会事业发展情况

2003年是我区经济社会事业发展不平凡的一年。在区委、区政府的正确领导下，全区人民认真贯彻党的十六大和十六届三中全会精神，坚持以人为本，树立全面、协调可持续的科学发展观，解放思想、干事创业、加快发展，取得了抗击非典和经济发展的双胜利，促进了各项社会事业的全面进步。

经济实力明显增强。区内生产总值实现83亿元，比上年增长19%，创1994年区划以来的最好水平。人均GDP达到2892美元（按常住人口35万人计算），超过青岛市人均水平，高于全国人均水平的1.9倍，标志着我区国民经济持续快速增长已进入了一个新的重要阶段。地方财政一般预算收入实现37676万元，比上年增长22.2%，高于全市平均增长速度。辖区内财政收入实现21.65亿元，占GDP的比重达到26.1%。

工业生产高速增长。在快速推进现代化制造业基地，突出西部大企业主体地位，发展配套经济，加大投资力度的情况下，工业增加值实现56.4亿元，比上年增长20%，增长幅度居三次产业之首，工业增加值占GDP比重达到68%。

商贸经济繁荣兴旺。为进一步巩固青岛市重要的商业中心地位，维客集团、北方国贸、利客来三大商厦加快实现规模扩张和连续经营，有效地带动了全区商贸经济的发展。社会消费品零售总额实现38.3亿元，比上年增长16.7%。商品交易总成交额38.4亿元，比上年增长22.7%。

生态旅游农业进一步发展。全年投资3048万元对百果山田园风景区、靴子石公园景区、十梅庵风景区实施了基础设施配套。百果山森林公园被批准为市级森林公园，整体推进了以都市农业为载体的旅游业发展。农业增加值实现0.1亿元，粮食作物产量120吨，油料作物21吨，蔬菜瓜果1.8万吨。

招商引资成效显著。全年引进外资项目71个，增资项目27个，其中过百万美元的项目12个，引进外资6453万美元，比上年增长39.7%。全年引进内资项目330个，其中过1000万元的项目有25个，引进内资11.4亿元，增长8.6%。

对外贸易增速较快。对外贸易紧紧抓住国家改革现行出口退税政策的机遇，克服困难，调整优化出口产品结构。全年出口额实现5.95亿美元，比上年增长38.4%。

固定资产投资力度加大。全年固定资产投资达到43亿元，比上年增长55%，其中房地产投资7.9亿元，增长1.2倍。全年确定的七个重点投资项目，全部竣工投产。市级2个重点投资项目，楼山后五个污染村搬迁工程一期20个楼座通过竣工验收，硬化改造贵阳路等8条沙土路工程竣工。

建筑业生产效益好转。全年建筑业增加值实现4.5亿元，比上年增长2倍。实现利润总额514万元，增长26%。建筑业单位由上年的19个增加到27个，施工面积60万平方米，比上年增加7万平方米。

城市建设取得新进展。全年投资4.79亿元用于加快城区基础设施建设，先后完成了李村城区地下管网一、二期工程、唐山路市政设施大配套工程、李村河两岸硬化工程等，硬化改造了12条沙土路、新建翻建了12条主次干道，铺装人行道板69万平方米，比上年增长23.2%，养护路面241万平方米，增长77.2%。

环境保护成效明显。年内烟尘控制区达到51.11平方公里，城市环境保护投资指数达到3.3%，比上年提高0.08个百分点，折合后的噪音达标区面积49.56平方公里，污染防治设施运行率达到100%。

科技事业加快发展。年内有11项科技成果通过鉴定，其中青岛格瑞电子有限公司“欧阳净”G7—702脱臭杀菌空气净化器达到国际先进水平，达到国内先进水平1项、国内领先水平的9项。全年新产品开发项目14项。当年评定科技人员446人，至本年累计评定12649人（不含市属以上单位）。

教育体育事业蓬勃发展。年内创建省、市、区级规范化学校6所，投资1100万元建成了李沧教育信息中心和校园网，“校校通”和“班班通”工程推动了教育现代化的发展。辖区内有小学35所，班数512个，在校学生20348名，教职工1486人。普通中学11所，283个班，15246名在校学生。高中部学校2所，72个班，4260名在校学生。体育运动取得新成绩，全年组织市级比赛6次，国家级比赛1次，各取得好成绩。

文化事业繁荣发展。年内成功举办了青岛赏花会、李沧之春、社区文化节、欢乐假日广场文艺演出等群众性文化活动，修复明真观和改造影视娱乐中心工程进展顺利。全年组织各种文化活动280次，比上年增长41%。藏书28万册，其中文化站5.4万册。

卫生事业继续发展。面对突如其来的非典疫情，全区上下万众一心，成功构筑了防治非典的网络体系，取得了防治非典的重大胜利。区属医疗机构基础设施配套不断完善，社区卫生服务体系进一步健全。辖区内有卫生医疗机构361个，床位数1775张，卫生技术人员2690人，其中个体诊所280人。

人民生活水平不断提高。全年从业人员平均工资16405元，比上年增长32.2%，其中企业单位从业人员平均工资13161元，增长24.5%；事业单位从业人员平均工资23930元，增长30%；机关单位从业人员平均工资30806元，增长49.5%。年末人均储蓄余额20116元，增长9.6%。

一、综　　合

GENERAL SURVEY

1-1 国内生产总值

计量单位:万元

指　　标	2003 年	三次产业比重(%)	比上年增长(%)
国内生产总值	828951	100	19
第一产业	1000	0.1	-26
第二产业	625922	75.5	19
♯工业	563882	68.0	120
第三产业	202029	24.4	18

注:绝对数按当年价格计算,增长速度按可比价计算,均为初步核算数。

1-2 历年国内生产总值

年　　份	GDP		第二产业		♯工　　业		第三产业	
	总　量(亿元)	增　速(%)	总　量(亿元)	增　速(%)	总　量(亿元)	增　速(%)	总　量(亿元)	增　速(%)
1994	23	14.7	19.5	14.4	16.0	16.5	3.1	15.6
1995	26	14.0	22.0	13.7	17.0	14.3	3.6	18.9
1996	30	15.2	25.2	13.6	21.0	13.8	4.4	19.2
1997	34	13.6	28.2	10.9	24.0	13.7	5.5	18.2
1998	40	16.2	33.0	15.0	28.0	17.0	6.7	18.0
1999	47	16.4	38.7	17.3	35.0	19.0	8.0	15.4
2000	55	18.0	45.2	19.8	43.9	23.0	9.6	17.5
2001	60	19.8	48.0	20.1	45.4	24.0	12.0	14.3
2002	69	17.2	54.8	17.9	52.3	18.4	13.7	15.7
2003	83	19.0	62.6	19.0	56.4	20.0	20.2	20.0

1-3 实　缴　税　金

计量单位：万元

名　称	2003年 实　际	2003年为 2002年%
全区合计	**223161**	**109.3**
国税	159306	106.6
地税	63855	115.9
一、按经济类型分：		
国有	92960	105.7
集体	8356	113.8
外商投资企业	25798	104.5
股份制、有限责任公司	78534	108.4
个体私营	17513	141.7
二、按行业分：		
工业	169245	113.1
商业	21385	91.9
房地产业	8241	140
建筑业	3467	134.1
交通运输业	4512	96.8
社会服务业	16311	88.5
三、按部门分(区属口径)	**70297**	**127.3**
东部开发区	8216	153
财办	5695	120
建管局	6938	151
李村街道办事处	7362	146
虎山路街道办事处	7595	125
浮山路街道办事处	9349	145
湘潭路街道办事处	9503	182
楼山街道办事处	6985	146
永清路街道办事处	5317	132
振华路街道办事处	836	344
永安路街道办事处	835	488
兴华路街道办事处	833	992
兴城路街道办事处	833	324

1-4 历年来实缴税金情况

单位:亿元

年 份	实缴税金	国 税	地 税	按主要税种分			按 经 济		
				增值税	营业税	所得税	国有经济	集体经济	外商投资经济
1994年	9.14	7.4	1.74	5.39	0.4	0.57	5.94	2.5	0.02
1995年	8.53	6.32	2.21	4.46	0.64	0.74	4.86	2.78	0.06
1996年	8.48	6.4	2.08	4.44	0.72	0.5	6.19	1.62	0.16
1997年	9.51	6.8	2.71	4.96	0.94	0.71	7.39	1.14	0.19
1998年	10.4	7.5	2.9	5.61	1.08	0.42	7.69	1.42	0.22
1999年	11.05	7.6	3.45	6.04	1.2	0.73	8.72	1.3	0.19
2000年	11.24	7.5	3.74	4.82	1.37	0.94	6.72	1.05	0.33
2001年	14.77	10.4	4.37	8.83	1.28	1.4	7.87	0.96	1.29
2002年	20.41	14.9	5.51	12.39	1.47	1.53	8.64	0.69	1.73
2003年	22.32	15.93	6.39	12.5	1.68	1.78	9.3	0.84	2.58

1-4 续 历年来实缴税金情况

单位:亿元

	类 型 分		按 行 业 分					
	股份制、有限责任公司	个 私	制造业	商 业	房地产业	建筑业	交通运输业	社会服务业
1994年	0.42	0.26	7.48	0.54	0.13	0.14	0.09	0.76
1995年	0.55	0.28	6.62	0.48	0.17	0.17	0.11	0.98
1996年	0.33	0.16	6.64	0.47	0.16	0.16	0.1	0.93
1997年	0.57	0.19	7.24	0.51	0.21	0.21	0.14	1.16
1998年	0.79	0.31	7.98	0.58	0.22	0.23	0.14	1.28
1999年	0.4	0.43	8.32	0.59	0.26	0.27	0.17	1.43
2000年	2.27	0.8	7.96	0.68	0.19	0.49	0.26	1.59
2001年	3.83	0.97	11.98	1.19	0.31	0.33	0.39	0.72
2002年	7.59	1.32	15.41	2.44	0.59	0.26	0.46	0.81
2003年	9.26	1.75	16.93	2.14	0.82	0.35	0.45	1.63

1-5 实缴税金前十位企业

名　次	企　业　名　称	实缴税金(万元)
1	一汽解放青岛汽车厂	36574
2	中国石化集团青岛石油化工厂	31015
3	青岛银钢炼铁有限公司(青钢集团)	13149
4	青岛钰也发展股份有限公司(青钢集团)	11837
5	青岛钢铁有限公司(青钢集团)	11550
6	青岛黄海橡胶集团有限责任公司	9949
7	青岛碱业股份有限公司	7100
8	一汽贸易总公司青岛分公司	5788
9	青岛黄海橡胶集团有限责任公司	4472
10	青岛银钢烧结有限公司(青钢集团)	3246

主要统计指标解释

国内生产总值 是按市场价格计算的国内生产总值的简称。它是一个国家(地区)所有常住单位在一定时期内生产活动的最终成果。国内生产总值有三种表现形态,即价值形态、收入形态和产品形态。从价值形态看,它是所有常住单位在一定时期内所生产的全部货物和服务价值超过同期投入的全部非固定资产货物和服务价值的差额,即所有常住单位增加值之和;从收入形态看,它是所有常住单位在一定时期内所创造并分配给常住单位和非常住单位的初次分配收入之和;从产品形态看,它是最终使用的货物和服务减去进口货物和服务。在实际核算中,国内生产总值的三种表现形态表现为三种计算方法,即生产法、收入法和支出法。三种方法分别从不同的方面反映国内生产总值及其构成。

可比价格 指在不同时期的价值指标对比时,扣除了价格变动的因素,以确切反映物量的变化。按可比价格计算有两种方法:一种是直接用产品产量乘某一年的不变价格计算;另一种是用价格指数换算。

不变价格 指用同类产品的年平均价格作为固定价格,来计算各年产品价值。按不变价格计算的产品价值消除了价格变动因素,不同时期对比可以反映生产的发展速度。新中国成立后,随着工农业产品价格水平的变化,国家统计局先后五次制定了全国统一的工业产品不变价格和农业产品不变价格,从1949年到1957年使用1952年工(农)业产品不变价格,从1957到1971年使用1957年不变价格,从1971年到1981年使用1970年不变价格,从1981年到1990年使用1980年不变价格,从1990年开始使用1990年不变价格。

平均每年增长速度 在我国计算平均增长速度有两种方法,一种是习惯上经常使用的"水平法",又称几何平均法,是以间隔期最后一年的水平同基期水平对比来计算平均每年增长(或下降)速度。另一种是"累计法",又称代数平均法或方程法,是以间隔期内各年水平的总和同基期水平对比来计算平均每年增长(或下降)速度。

在一般正常情况下,两种方法计算的平均每年增长速度比较接近,但在经济发展不平衡,出现大起大落时,两种方法计算的结果差别较大。

三次产业 根据社会生产活动历史发展的顺序对产业结构的划分,产品直接取自自然界的部门称为第一产业,对初级产品进行再加工的部门称为第二产业,为生产和消费提供各种服务的部门称为第三产业。它是世界上通用的产业结构分类,但各国的划分不尽一致。我国的三次产业划分是:

第一产业:农业(包括种植业、林业、牧业、副业和渔业)。

第二产业:工业(包括采掘工业、制造业自来水、电力、蒸气、热水、煤气)和建筑业。

第三产业:除第一、第二产业以外的其他各业。由于第三产业包括的行业多、范围广,根据我国的实际情况,第三产业可分为两大部分:一是流通部门,二是服务部门。具体又可分为四个层次:

第一层次:流通部门,包括交通运输业、邮电通讯业、商业、饮食业、物资供销和仓储业。

第二层次:为生产和生活服务的部门,包括金融、保险业,地质普查业,房地产、公用事业,居民服务业,咨询服务业和综合技术服务业,农、林、牧、渔、水利服务业和水利业,公路、内河(湖)航道养护业等。

第三层次:为提高科学文化水平和居民素质服务的部门,包括教育、文化、广播电视,科学研究、卫生、体育和社会福利事业等。

第四层次:为社会公共需要服务的部门,包括国家机关、政党机关,社会团体,以及军队和警察等。

各个计划时期

1950 - 1952 年为国民经济恢复时期
1953 - 1957 年为第一个五年计划时期
1958 - 1962 年为第二个五年计划时期
1963 - 1965 年为国民经济调整时期
1966 - 1970 年为第三个五年计划时期
1971 - 1975 年为第四个五年计划时期
1976 - 1980 年为第五个五年计划时期
1981 - 1985 年为第六个五年计划时期
1986 - 1990 年为第七个五年计划时期
1991 - 1995 年为第八个五年计划时期
1996 - 2000 年为第九个五年计划时期
2001 - 2005 年为第十个五年计划时期

二、人口、面积和气象

POPULATION, AREA AND METEOROLOGICAL PHENOMENA

2-1 户 数 与 人 口

单　　位	年末户数（户）	年末人口数（人）			非农业人口（人）	农转非人口（人）
		合计	男	女		
合　　计	102279	280768	144240	136528	259370	2522
李村街道办事处	19155	57499	30473	27026	57069	90
虎山路街道办事处	6697	17186	8827	8359	11772	35
浮山路街道办事处	7009	18562	8836	9726	18474	119
永清路街道办事处	8944	22224	11224	11000	22224	71
振华路街道办事处	8985	23335	11844	11491	23335	317
永安路街道办事处	15068	39587	20130	19457	39587	191
兴华路街道办事处	7873	20314	10405	9909	20314	50
兴城路街道办事处	6245	17006	9013	7993	17006	51
楼山街道办事处	4383	13232	7220	6012	13232	29
湘潭路街道办事处	8527	24490	12904	11586	24490	141
九水路街道办事处	9393	27333	13364	13969	11867	1428

2-2　人口自然变动情况

单　　位	年平均人口（人）	出　　生		死　　亡		自然增长率	
		人数（人）	出生率（‰）	人数（人）	死亡率（‰）	人数（人）	增长率（‰）
合　　计	279431	1528	5.47	1677	6.00	-149	-0.53
李村街道办事处	57267	328	5.73	193	3.37	135	2.36
虎山路街道办事处	17057	146	8.56	95	5.57	51	2.99
浮山路街道办事处	18490	139	7.52	84	4.54	55	2.97
永清路街道办事处	21772	118	5.42	154	7.07	-36	-1.65
振华路街道办事处	23614	66	2.79	174	7.37	-108	-4.57
永安路街道办事处	39665	165	4.16	306	7.71	-141	-3.55
兴华路街道办事处	20505	77	3.76	141	6.88	-64	-3.12
兴城路街道办事处	17156	68	3.96	119	6.94	-51	-2.97
楼山街道办事处	13315	74	5.56	96	7.21	-22	-1.65
湘潭路街道办事处	24555	146	5.95	148	6.03	-2	-0.08
九水路街道办事处	26035	201	7.72	167	6.41	34	1.31

2-3 人口机械变动情况

单位	迁入人数			迁出人口			迁入(+)迁出(—)	市内七区		移入(+)移出(—)
	合计	省内迁入	省外迁入	合计	迁往省内	迁往省外		移入	移出	
合　计	5638	4917	721	2239	1814	425	3399	6646	7217	－571
李村街道办事处	1863	1744	119	1599	1533	66	264	1076	995	81
虎山路街道办事处	65	53	12	90	2	88	－25	478	246	232
浮山路街道办事处	131	80	51	136	114	22	－5	623	530	93
永清路街道办事处	110	60	50	51	21	30	59	1353	470	883
振华路街道办事处	458	402	56	112	51	61	346	380	1179	－799
永安路街道办事处	220	130	90	85	39	46	135	1185	1341	－156
兴华路街道办事处	96	67	29	40	13	27	56	494	870	－376
兴城路街道办事处	134	68	66	39	13	26	95	275	620	－345
楼山街道办事处	79	35	44	21	8	13	58	142	340	－198
湘潭路街道办事处	128	60	68	36	11	25	92	339	558	－219
九水路街道办事处	2354	2218	136	30	9	21	2324	301	68	233

2-4 历年户数与人口

年　份	年末户数(户)	年末人口数(人)			非农业人口(人)	农转非人口(人)
		合　计	男	女		
1994	92516	272778	139691	133087	204974	1606
1995	93509	274694	140971	133723	206638	2879
1996	94007	276885	141889	134996	209179	2491
1997	95329	278042	142166	135876	209697	1538
1998	96480	278558	142084	136474	211824	3235
1999	97853	279965	143188	136777	213579	1813
2000	98813	279004	142648	136356	246729	34944
2001	99840	277859	142277	135582	245665	474
2002	100976	278094	142701	135393	245921	1426
2003	102279	280768	144240	136528	259370	2522

2-5 历年人口自然变动情况

年份	年平均人口(人)	出生		死亡		自然增长率	
		人数(人)	出生率(‰)	人数(人)	死亡率(‰)	人数(人)	增长率(‰)
1994	271305	2246	8.28	1510	5.57	736	2.71
1995	273736	2451	8.95	1524	5.57	927	3.38
1996	275790	2058	7.46	1651	5.99	407	1.47
1997	277464	2013	7.25	1687	6.08	326	1.17
1998	278300	2331	8.38	1614	5.8	717	2.58
1999	279264	2240	8.02	1513	5.42	727	2.6
2000	278891	2679	9.6	1691	6.06	988	3.54
2001	278434	2495	8.96	1709	6.14	786	2.82
2002	277977	2632	9.47	1676	6.03	956	3.44
2003	279431	1528	5.47	1677	6.00	-149	-0.53

2-6 历年人口机械变动情况

年份	迁入人数			迁出人数			迁入(+)迁出(—)	市内四区		市内七区		移入(+)移出(—)
	合计	省内迁入	省外迁入	合计	迁往省内	迁往省外		移入	移出	移入	移出	
1994	3870	1518	2352	1951	320	1631	1919	7199	6852			+347
1995	3855	2961	894	1963	1690	273	1892	7863	8778			-915
1996	3492	2799	693	1916	1674	242	1576	7901	8065			-164
1997	3867	2752	1115	1832	1599	233	2035	7959	9459			-1500
1998	3429	2590	839	2249	2010	239	1180	8516	9886			-1370
1999	4355	2445	1910	1963	1638	325	2392	9300	11014			-1714
2000	2710	2011	699	2047	1538	509	663	9240	11902			-2662
2001	2970	2405	565	2554	2205	349	416	6865	9212			-2347
2002	4098	3464	634	2889	2399	490	1209	6066	7960			-1894
2003	5638	4917	721	2239	1814	425	3399	—	—	301	68	+233

注：自2003年起按市内七区调查移入移出。

2-7 计划生育情况(一)

单　位	计划生育率(%)	计划内出生(人)	
		一孩	二孩
合　计	**99.7**	**1244**	**102**
李村街道办事处	99.2	251	10
虎山路街道办事处	99.2	110	12
浮山路街道办事处	100	113	6
永清路街道办事处	100	107	6
振华路街道办事处	100	51	5
永安路街道办事处	100	133	7
兴华路街道办事处	100	75	3
兴城路街道办事处	100	70	1
楼山街道办事处	100	99	3
湘潭路街道办事处	99	98	4
九水路街道办事处	100	137	45

2-7续　计划生育情况(二)

计量单位:%

指标名称	2003年	2002年	2003年比2002年增(+)减(-)
节育率	91.75	90.9	+0.85
独生子女领证率	73.2	95	-21.8
晚婚率	94.4	98.3	-3.9
计划生育率	99.7	99.82	-0.12

2-8 社　会　治　安

指　标	计量单位	2003年	2002年	2003年为2002年%
一、火灾起数	**起**	**283**	**438**	**65**
火灾死伤人数	人	2	1	200
火灾损失折款数	万元	89	98.7	90
二、交通事故件数	**件**	**2034**	**1538**	**132**
交通事故伤亡人数	人	1232	1089	113
#死亡人数	人	35	39	90
直接损失	万元	232		
三、刑事案件发案数	**件**	**2622**	**2656**	**99**
犯罪人数	人	447	624	72
青少年人数(25岁以下)	人	199	343	58

2-9 土 地 面 积

项 目	面积(平方公里)
土地面积	**95.52**
＃建成区面积	54
＃东部开发区	34
李村街道办事处	6.75
虎山路街道办事处	13.11
浮山路街道办事处	8.34
永清路街道办事处	3.82
振华路街道办事处	7.56
永安路街道办事处	2.88
兴华路街道办事处	1.36
兴城路街道办事处	5.62
楼山街道办事处	8.68
湘潭路街道办事处	8.32
九水路街道办事处	29.08

2-10 降 雨 量

月 份	降雨量(mm)		
	2003年	2002年	2001年
一月	8.5	17.4	31.7
二月	28.2	0.1	16.9
三月	25.5	20.7	4.5
四月	57.1	52.2	12.8
五月	57.5	66.4	11
六月	160.4	58.2	39.7
七月	138.0	111.0	296.8
八月	124.6	45.8	182.4
九月	100.1	40.0	11.5
十月	30.8	20.6	7.9
十一月	33.9	6.9	20.7
十二月	14.0	5.3	13.7
全 年	**778.6**	**444.6**	**649.6**

2-11 平 均 气 温

月 份	平均气温(℃)		
	2003 年	2002 年	2001 年
一月	-1.2	2.2	-0.7
二月	2.3	4.8	2
三月	6.0	8.9	6.5
四月	12.9	13.3	12.5
五月	17.8	17.9	19.6
六月	22.0	22.0	22.8
七月	23.2	26.3	26
八月	25.0	25.8	26.1
九月	22.2	22.7	22.5
十月	15.9	14.7	17.1
十一月	8.7	7.0	8.5
十二月	2.2	1.6	0.7
全 年	**13.1**	**13.9**	**13.6**

主要统计指标解释

人口数 指一定时点、一定地区范围内的有生命的个人的总和。年度统计的年末人口数是指每年12月31日24时的人口数。

出生率(又称粗出生率) 指一定时期内(通常为一年)平均每千人所出生的人数的比率,一般用千分率表示。计算公式:

$$出生率=\frac{年出生人数}{年平均人数}\times 1000‰$$

出生人数是指活产婴儿,即胎儿脱离母体时(不管怀孕月数),有过呼吸或其他生命现象。

年平均人数是年初、年底人口数的平均数,也可用年中人口数代替。

死亡率(又称粗死亡率) 指一定时期内(通常为一年)一定地区的死亡人数与同期平均人数(或期中人数)之比,一般用千分率表示。计算公式:

$$死亡率=\frac{年死亡人数}{年平均人数}\times 1000‰$$

人口自然增长率 指一定时期内(通常为一年)人口自然增加数(出生人数减死亡人数)与该时期内平均人数(或期中人数)之比,一般用千分率表示。计算公式:

$$人口自然增长率=\frac{本年出生人数-本年死亡人数}{年平均人数}\times 1000‰$$

人口自然增长率=人口出生率-人口死亡率

三、工　　业

INDUSTRY

3-1 规模以上工业企业主要经济指标(一)

单位:千元

项　　目	企业单位数(个)	亏损企业	工业总产值(不变价)	工业总产值(当年价)	新产品产值	工业销售产值(当年价)
总　　计	**129**	**44**	**28047511**	**36145700**	**6889747**	**36080552**
一、按登记注册类型分组:						
内资企业	73	18	24616387	32347442	6577380	32302309
国有企业	10	6	11646497	14894980	3289622	14865964
中央企业	4	3	11525897	14734030	3286780	14704906
地方企业	6	3	120600	160950	2842	161058
集体企业	16	4	588989	617660	0	600926
股份合作企业	7	1	374627	252237	14058	249966
有限责任公司	29	4	11641641	16078584	3273700	16120207
国有独资公司	4	0	4221775	3400939	1183221	3406086
其他有限责任公司	25	4	7419866	12677645	2090479	12714121
股份有限公司	1	0	87280	143052	0	134751
私营企业	10	3	277353	360929	0	330495
私营合作企业	1	0	22468	30753	0	33034
私营有限责任公司	7	2	233125	300393	0	268359
私营股份有限公司	2	1	21760	29783	0	29102
港、澳、台商投资企业	9	3	706343	739546	286103	740404
合资经营企业(港或澳、台资)	6	2	660337	677607	286103	682579
港澳台商独资经营企业	3	1	46006	61939	0	57825
外商投资企业	47	23	2724781	3058712	26264	3037839
中外合资经营企业	17	8	553946	566725	26264	566601
中外合作经营企业	1	0	2321	3177	0	4452
外资企业	29	15	2168514	2488810	0	2466786
二、按经济组织类型分组						
独资企业	58	26	14450006	18063389	3289622	17991501
国有企业	10	6	11646497	14894980	3289622	14865964
集体企业	16	4	588989	617660	0	600926
港澳台商独资经营企业	3	1	46006	61939	0	57825
外资企业	29	15	2168514	2488810	0	2466786
合作、合伙企业	9	1	399416	286167	14058	287452
股份合作企业	7	1	374627	252237	14058	249966
私营合伙企业	1	0	22468	30753	0	33034
中外合作经营企业	1	0	2321	3177	0	4452
股份有限公司	3	1	109040	172835	0	163853
股份有限公司(内资)	1	0	87280	143052	0	134751
私营股份有限公司	2	1	21760	29783	0	29102
有限责任公司	59	16	13089049	17623309	3586067	17637746
国有独资公司	4	0	4221775	3400939	1183221	3406086
私营有限责任公司	7	2	233125	300393	0	268359
合资经营企业(港或澳、台资)	6	2	660337	677607	286103	682579
中外合资经营企业	17	8	553946	566725	26264	566601
其他有限责任公司	25	4	7419866	12677645	2090479	12714121
在总计中:亏损企业	44	44	2338831	5524457	553324	5516505
在总计中:国有控股企业	33	11	23000109	30575397	6564288	30575359

3-1续1 规模以上工业企业主要经济指标(一)

单位:千元

项目	企业单位数(个)	亏损企业	工业总产值(不变价)	工业总产值(当年价)	新产品产值	工业销售产值(当年价)
在总计中:农村工业	13	4	251518	278718	337	261254
在总计中:轻工业	68	28	3252419	3600236	387202	3562680
重工业	61	16	24795092	32545464	6502545	32517872
在总计中:大型企业	7	1	21204619	28847728	6176614	28799528
中型企业	24	4	3478515	3599259	370000	3569970
小型企业	98	39	3364377	3698713	343133	3711054
三、按工业行业大类分						
制造业						
农副食品加工业	2	1	134287	190059	0	181758
食品制造业	4	3	51283	85527	5450	80815
纺织业	16	4	1522110	1598528	360938	1589398
纺织服装、鞋、帽制造业	4	1	108875	145334	0	142591
皮革、毛皮、羽毛(绒)及其制品业	4	2	58047	62876	0	62876
木材加工及木、竹、藤、棕、草制	1	0	21687	21687	0	21687
家具制造业	1	1	33936	33936	337	33936
造纸及纸制品业	9	3	272374	285772	0	265384
印刷业和记录媒介的复制	4	1	90408	89041	0	92293
文教体育用品制造业	7	4	140568	195434	0	192680
石油加工、炼焦及核燃料加工业	2	1	1033657	4242257	531650	4212847
化学原料及化学制品制造业	13	3	2369480	2340717	412808	2336345
橡胶制品业	2	0	2604684	1926196	1116105	1942201
塑料制品业	3	3	41799	52787	0	52929
非金属矿物制品业	5	1	261583	248863	0	289479
黑色金属冶炼及压延加工业	3	1	5436134	10631673	1650441	10619339
有色金属冶炼及压延加工业	1	1	14335	13816	0	13921
金属制品业	6	3	344451	250927	0	266555
通用设备制造业	9	1	346011	405935	15926	395320
专用设备制造业	2	1	266381	119225	2803	121586
交通运输设备制造业	10	1	11435474	11478624	2758390	11470320
电气机械及器材制造业	6	1	181600	218549	7995	195050
通信设备、计算机及其他电子设备	4	2	865283	1034400	0	1026733
仪器仪表及文化、办公用机械制造	3	0	30932	31788	6427	33493
工艺品及其他制造业	7	4	379508	427938	20477	431424
水的生产和供应业						
自来水的生产和供应	1	1	2624	13811	0	9592

注:规模以上工业企业含市统计局反馈集团数据。

3-1 续 2　规模以上工业企业主要经济指标(二)

单位:千元

项　　目	出口交货值	工业中间投入合计	工业增加值(当年价)	资产合计	流动资产小计	短期投资
总　　计	**4340797**	**30776042**	**6314059**	**31239759**	**17451524**	**4296**
一、按登记注册类型分组:						
内资企业	1597526	27991441	5267374	28213633	15556661	3792
国有企业	0	12841211	2411274	7786793	5244690	2000
中央企业	0	12730774	2350458	7591216	5134824	2000
地方企业	0	110437	60816	195577	109866	0
集体企业	0	457741	174976	408303	266546	0
股份合作企业	8654	193448	66617	186606	111496	0
有限责任公司	1588872	14103150	2496598	19191984	9514930	1792
国有独资公司	900601	2627546	905147	9910991	4559481	1707
其他有限责任公司	688271	11475604	1591451	9280993	4955449	85
股份有限公司	0	130726	13592	248385	167007	0
私营企业	0	265165	104317	391562	251992	0
私营合作企业	0	22449	9588	32770	12693	0
私营有限责任公司	0	221128	85946	251676	158889	0
私营股份有限公司	0	21588	8783	107116	80410	0
港、澳、台商投资企业	67655	558308	197256	570705	398929	0
合资经营企业(港或澳、台资)	9830	512911	180677	487949	348843	0
港澳台商独资经营企业	57825	45397	16579	82756	50086	0
外商投资企业	2675616	2226293	849429	2455421	1495934	504
中外合资经营企业	405013	385377	189753	674729	397491	0
中外合作经营企业	3361	2324	903	4580	3130	0
外资企业	2267242	1838592	658773	1776112	1095313	504
二、按经济组织类型分组						
独资企业	2325067	15182941	3261602	10053964	6656635	2504
国有企业	0	12841211	2411274	7786793	5244690	2000
集体企业	0	457741	174976	408303	266546	0
港澳台商独资经营企业	57825	45397	16579	82756	50086	0
外资企业	2267242	1838592	658773	1776112	1095313	504
合作、合伙企业	12015	218221	77108	223956	127319	0
股份合作企业	8654	193448	66617	186606	111496	0
私营合伙企业	0	22449	9588	32770	12693	0
中外合作经营企业	3361	2324	903	4580	3130	0
股份有限公司	0	152314	22375	355501	247417	0
股份有限公司(内资)	0	130726	13592	248385	167007	0
私营股份有限公司	0	21588	8783	107116	80410	0
有限责任公司	2003715	15222566	2952974	20606338	10420153	1792
国有独资公司	900601	2627546	905147	9910991	4559481	1707
私营有限责任公司	0	221128	85946	251676	158889	0
合资经营企业(港或澳、台资)	9830	512911	180677	487949	348843	0
中外合资经营企业	405013	385377	189753	674729	397491	0
其他有限责任公司	688271	11475604	1591451	9280993	4955449	85
在总计中:亏损企业	823172	4751326	859741	4481868	2038609	2504
在总计中:国有控股企业	1647996	26716733	4723848	27019209	14812925	3732

3-1续3 规模以上工业企业主要经济指标(二)

单位:千元

项目	出口交货值	工业中间投入合计	工业增加值(当年价)	资产合计	流动资产小计	短期投资
在总计中:农村工业	33936	204696	87891	506763	352811	0
在总计中:轻工业	2417582	2813498	822345	4138247	2398598	564
重工业	1923215	27962544	5491714	27101512	15052926	3732
在总计中:大型企业	925468	25290089	4376879	24486448	13412319	3707
中型企业	2101055	2735932	914135	3567308	2164509	25
小型企业	1314274	2750021	1023045	3186003	1874696	564
三、按工业行业大类分						
制造业						
农副食品加工业	46929	164713	26643	323841	227639	0
食品制造业	17158	72910	14284	88877	27136	0
纺织业	1214370	1278100	326836	2060626	1098731	0
纺织服装、鞋、帽制造业	133091	107078	38347	165408	93643	0
皮革、毛皮、羽毛(绒)及其制品业	17549	45630	17253	17542	13249	0
木材加工及木、竹、藤、棕、草制	0	19063	3007	10324	9519	0
家具制造业	33936	24868	11901	80276	62413	0
造纸及纸制品业	0	209960	84818	297037	188571	0
印刷业和记录媒介的复制	0	84973	8713	157011	87588	0
文教体育用品制造业	186371	142766	52688	113597	77063	504
石油加工、炼焦及核燃料加工业	0	3767349	546282	3037026	1275236	2000
化学原料及化学制品制造业	618223	1705894	729864	4735113	2038427	1767
橡胶制品业	473678	1545109	428904	5834879	2844858	0
塑料制品业	37177	40069	13031	88333	56273	0
非金属矿物制品业	75013	188532	74663	334408	187742	25
黑色金属冶炼及压延加工业	9773	9835078	1141343	6731825	3564160	0
有色金属冶炼及压延加工业	0	17682	-3159	128348	33868	0
金属制品业	41926	201761	60502	350776	224229	0
通用设备制造业	3701	286456	142550	491848	299439	0
专用设备制造业	7165	94370	27214	91880	54162	0
交通运输设备制造业	1489	9666300	2108619	4849317	4141094	0
电气机械及器材制造业	50346	159591	61098	204427	144446	0
通信设备、计算机及其他电子设备	998219	759250	275560	422821	307099	0
仪器仪表及文化、办公用机械制造	15191	23249	10706	52853	25549	0
工艺品及其他制造业	359492	324959	108310	520390	356730	0
水的生产和供应业						
自来水的生产和供应	0	10332	4082	50976	12660	0

3-1 续4 规模以上工业企业主要经济指标(三)

单位:千元

项目	应收帐款净额	存货	产成品	流动资产年平均余额	长期投资	固定资产小计
总计	**3821015**	**3982884**	**1457909**	**15204460**	**2267724**	**10896834**
一、按登记注册类型分组:						
内资企业	3228609	3326783	1257699	13510517	2261516	9871152
国有企业	1618574	966518	92751	4105928	281648	1980845
中央企业	1603003	931811	77665	4013125	280269	1898643
地方企业	15571	34707	15086	92803	1379	82202
集体企业	94926	57863	33171	257441	2342	138438
股份合作企业	26173	50699	21134	110626	3134	59186
有限责任公司	1281070	2170645	1080585	8714735	1973947	7507347
国有独资公司	705295	1218628	873152	4308017	977008	4292329
其他有限责任公司	575775	952017	207433	4406718	996939	3215018
股份有限公司	158741	8266	0	75750	0	81378
私营企业	49125	72792	30058	246037	445	103958
私营合作企业	4554	7065	4397	28491	0	5810
私营有限责任公司	43847	33875	25629	140684	71	71884
私营股份有限公司	724	31852	32	76862	374	26264
港、澳、台商投资企业	134102	105109	37537	362428	0	157077
合资经营企业(港或澳、台资)	118027	98542	35638	318909	0	129058
港澳台商独资经营企业	16075	6567	1899	43519	0	28019
外商投资企业	458304	550992	162673	1331515	6208	868605
中外合资经营企业	109262	146869	42809	294464	0	244523
中外合作经营企业	1700	950	400	2460	0	1010
外资企业	347342	403173	119464	1034591	6208	623072
二、按经济组织类型分组						
独资企业	2076917	1434121	247285	5441479	290198	2770374
国有企业	1618574	966518	92751	4105928	281648	1980845
集体企业	94926	57863	33171	257441	2342	138438
港澳台商独资经营企业	16075	6567	1899	43519	0	28019
外资企业	347342	403173	119464	1034591	6208	623072
合作、合伙企业	32427	58714	25931	141577	3134	66006
股份合作企业	26173	50699	21134	110626	3134	59186
私营合伙企业	4554	7065	4397	28491	0	5810
中外合作经营企业	1700	950	400	2460	0	1010
股份有限公司	159465	40118	32	152612	374	107642
股份有限公司(内资)	158741	8266	0	75750	0	81378
私营股份有限公司	724	31852	32	76862	374	26264
有限责任公司	1552206	2449931	1184661	9468792	1974018	7952812
国有独资公司	705295	1218628	873152	4308017	977008	4292329
私营有限责任公司	43847	33875	25629	140684	71	71884
合资经营企业(港或澳、台资)	118027	98542	35638	318909	0	129058
中外合资经营企业	109262	146869	42809	294464	0	244523
其他有限责任公司	575775	952017	207433	4406718	996939	3215018
在总计中:亏损企业	212667	746480	185785	1631581	38673	2086578
在总计中:国有控股企业	3049176	3121655	1153505	12894085	2248685	9517080

3-1续5 规模以上工业企业主要经济指标(三)

单位:千元

项目	应收帐款净额	存货	产成品	流动资产年平均余额	长期投资	固定资产小计
在总计中:农村工业	84759	103165	38557	283671	374	152689
在总计中:轻工业	696480	744403	249807	2138716	98473	1495396
重工业	3124535	3238481	1208102	13065744	2169251	9401438
在总计中:大型企业	2530904	2786045	1038190	11667498	2201906	8460556
中型企业	727290	642728	223958	1919559	52058	1294192
小型企业	562821	554111	195761	1617403	13760	1142086
三、按工业行业大类分						
制造业						
农副食品加工业	160418	42558	0	136350	0	96202
食品制造业	5774	12622	3067	32867	0	52313
纺织业	194932	320597	108504	1019679	91689	793913
纺织服装、鞋、帽制造业	65400	23003	16610	66169	125	69486
皮革、毛皮、羽毛(绒)及其制品业	7616	2794	436	10850	0	3930
木材加工及木、竹、藤、棕、草制	6803	886	0	8568	0	804
家具制造业	4210	23465	6233	5798	0	17863
造纸及纸制品业	75780	59240	35291	191938	0	106997
印刷业和记录媒介的复制	34682	22147	4080	83785	400	64827
文教体育用品制造业	20614	2130	10	62488	200	30761
石油加工、炼焦及核燃料加工业	84977	419628	78413	938129	34859	1449461
化学原料及化学制品制造业	531946	301026	150749	1938881	746361	1879559
橡胶制品业	326462	994920	748995	2687145	236190	2720154
塑料制品业	6163	31043	18933	57838	68	24389
非金属矿物制品业	99765	38259	16694	164742	14934	122555
黑色金属冶炼及压延加工业	229609	581840	71502	3169948	889510	2273490
有色金属冶炼及压延加工业	2440	15049	6735	25153	0	94387
金属制品业	61307	48464	14775	205898	0	117789
通用设备制造业	70310	99145	41219	216752	1986	148552
专用设备制造业	7513	27849	11940	58851	2821	33850
交通运输设备制造业	1599032	585044	28136	3327415	245387	440492
电气机械及器材制造业	39693	27215	10927	134483	0	44190
通信设备、计算机及其他电子设备	93100	122500	22458	285653	0	103800
仪器仪表及文化、办公用机械制造	6351	14967	9536	12667	2815	24048
工艺品及其他制造业	78882	166043	52666	350642	0	145086
水的生产和供应业						
自来水的生产和供应	7236	450	0	11771	379	37936

3-1 续 6 规模以上工业企业主要经济指标(四)

单位:千元

项目	固定资产原价	生产经营用	累计折旧	本年折旧	固定资产净值	固定资产净值年平均余额
总计	**13670264**	**12629929**	**4940320**	**671233**	**8729944**	**8723775**
一、按登记注册类型分组:						
内资企业	11953558	11107370	4178872	553343	7774686	7721544
国有企业	2557905	2330666	876717	145955	1681188	1633966
中央企业	2425155	2205334	825827	140087	1599328	1553620
地方企业	132750	125332	50890	5868	81860	80346
集体企业	209716	189468	76880	14212	132836	130384
股份合作企业	90481	75457	32622	6008	57859	61786
有限责任公司	8835690	8386181	3111412	338369	5724278	5726782
国有独资公司	4724718	4534726	1717868	220044	3006850	3016935
其他有限责任公司	4110972	3851455	1393544	118325	2717428	2709847
股份有限公司	122891	8496	44882	41332	78009	78008
私营企业	136875	117102	36359	7467	100516	90618
私营合作企业	7584	7472	1784	508	5800	5894
私营有限责任公司	88806	75555	20324	3588	68482	57713
私营股份有限公司	40485	34075	14251	3371	26234	27011
港、澳、台商投资企业	293953	276698	139835	15676	154118	158695
合资经营企业(港或澳、台资)	249794	233053	123608	12182	126186	129809
港澳台商独资经营企业	44159	43645	16227	3494	27932	28886
外商投资企业	1422753	1245861	621613	102214	801140	843536
中外合资经营企业	336714	297778	143976	33081	192738	214324
中外合作经营企业	1010	1008	140	100	870	740
外资企业	1085029	947075	477497	69033	607532	628472
二、按经济组织类型分组						
独资企业	3896809	3510854	1447321	232694	2449488	2421708
国有企业	2557905	2330666	876717	145955	1681188	1633966
集体企业	209716	189468	76880	14212	132836	130384
港澳台商独资经营企业	44159	43645	16227	3494	27932	28886
外资企业	1085029	947075	477497	69033	607532	628472
合作、合伙企业	99075	83937	34546	6616	64529	68420
股份合作企业	90481	75457	32622	6008	57859	61786
私营合伙企业	7584	7472	1784	508	5800	5894
中外合作经营企业	1010	1008	140	100	870	740
股份有限公司	163376	42571	59133	44703	104243	105019
股份有限公司(内资)	122891	8496	44882	41332	78009	78008
私营股份有限公司	40485	34075	14251	3371	26234	27011
有限责任公司	9511004	8992567	3399320	387220	6111684	6128628
国有独资公司	4724718	4534726	1717868	220044	3006850	3016935
私营有限责任公司	88806	75555	20324	3588	68482	57713
合资经营企业(港或澳、台资)	249794	233053	123608	12182	126186	129809
中外合资经营企业	336714	297778	143976	33081	192738	214324
其他有限责任公司	4110972	3851455	1393544	118325	2717428	2709847
在总计中:亏损企业	2563217	2399283	750456	158066	1812761	1772984
在总计中:国有控股企业	11463260	10687401	4038092	524324	7425168	7390373

3-1 续 7 规模以上工业企业主要经济指标(四)

单位:千元

项　　目	固定资产原价	生　产经营用	累计折旧	本年折旧	固定资产净值	固定资产净值年平均余额
在总计中:农村工业	233414	209537	85574	26630	147840	149172
在总计中:轻工业	2132132	1739581	746364	146052	1385768	1411819
重工业	11538132	10890348	4193956	525181	7344176	7311956
在总计中:大型企业	9957571	9469248	3511233	402639	6446338	6427495
中型企业	1935029	1577987	723658	148571	1211371	1195681
小型企业	1777664	1582694	705429	120023	1072235	1100599
三、按工业行业大类分						
制造业						
农副食品加工业	135103	16473	46008	41974	89095	89188
食品制造业	70787	52407	34191	4291	36596	35125
纺织业	1057992	912047	329020	44386	728972	747159
纺织服装、鞋、帽制造业	113125	77749	44133	4023	68992	70754
皮革、毛皮、羽毛(绒)及其制品业	5121	4615	1501	664	3620	5479
木材加工及木、竹、藤、棕、草制	1443	1443	639	214	804	814
家具制造业	28073	27051	12398	11398	15675	17779
造纸及纸制品业	161625	141109	57977	12268	103648	102989
印刷业和记录媒介的复制	101477	101477	38097	4742	63380	61244
文教体育用品制造业	47482	45752	17024	3589	30458	32296
石油加工、炼焦及核燃料加工业	1565587	1533526	363259	90144	1202328	1166378
化学原料及化学制品制造业	2798113	2568652	1117722	117334	1680391	1631931
橡胶制品业	2447887	2447887	819173	137506	1628714	1691488
塑料制品业	40266	36981	16169	1513	24097	24241
非金属矿物制品业	169378	156720	63178	28229	106200	93602
黑色金属冶炼及压延加工业	2808687	2670205	975907	53992	1832780	1845082
有色金属冶炼及压延加工业	127494	79768	33340	6881	94154	95970
金属制品业	228661	219335	113165	10152	115496	117431
通用设备制造业	272647	264793	127010	8746	145637	138916
专用设备制造业	43655	42666	9806	1223	33849	33920
交通运输设备制造业	851254	695311	467748	50948	383506	386508
电气机械及器材制造业	64225	56988	20063	5872	44162	33286
通信设备、计算机及其他电子设备	204585	193031	100785	18850	103800	106733
仪器仪表及文化、办公用机械制造	37458	24332	16043	464	21415	21206
工艺品及其他制造业	235983	210576	101744	6899	134239	135979
水的生产和供应业						
自来水的生产和供应	52156	49035	14220	4931	37936	38277

3-1 续8 规模以上工业企业主要经济指标(五)

单位:千元

项目	无形资产	负债合计	流动负债小计	应付账款	长期负债小计	所有者权益合计
总计	**476453**	**18940293**	**15739669**	**5281527**	**2849537**	**12299466**
一、按登记注册类型分组:						
内资企业	409814	17203453	14209317	4579269	2743884	11010180
国有企业	277210	4956670	4922095	2889712	30863	2830123
中央企业	277210	4890865	4863259	2873426	27605	2700351
地方企业	0	65805	58836	16286	3258	129772
集体企业	0	200230	200230	58068	0	208073
股份合作企业	8451	153513	111089	44920	41525	33093
有限责任公司	123951	11506705	8759614	1509318	2659197	7685279
国有独资公司	73962	5799201	4077080	603034	1722121	4111790
其他有限责任公司	49989	5707504	4682534	906284	937076	3573489
股份有限公司	0	160637	1191	20103	1699	87748
私营企业	202	225698	215098	57148	10600	165864
私营合作企业	0	20920	20920	6911	0	11850
私营有限责任公司	202	128348	117748	29117	10600	123328
私营股份有限公司	0	76430	76430	21120	0	30686
港、澳、台商投资企业	14499	320348	252030	96023	68313	250357
合资经营企业(港或澳、台资)	10046	285305	217112	73705	68193	202644
港澳台商独资经营企业	4453	35043	34918	22318	120	47713
外商投资企业	52140	1416492	1278322	606235	37340	1038929
中外合资经营企业	26476	439157	422434	138974	16722	235572
中外合作经营企业	440	1130	1130	1010	0	3450
外资企业	25224	976205	854758	466251	20618	799907
二、按经济组织类型分组						
独资企业	306887	6168148	6012001	3436349	51601	3885816
国有企业	277210	4956670	4922095	2889712	30863	2830123
集体企业	0	200230	200230	58068	0	208073
港澳台商独资经营企业	4453	35043	34918	22318	120	47713
外资企业	25224	976205	854758	466251	20618	799907
合作、合伙企业	8891	175563	133139	52841	41525	48393
股份合作企业	8451	153513	111089	44920	41525	33093
私营合伙企业	0	20920	20920	6911	0	11850
中外合作经营企业	440	1130	1130	1010	0	3450
股份有限公司	0	237067	77621	41223	1699	118434
股份有限公司(内资)	0	160637	1191	20103	1699	87748
私营股份有限公司	0	76430	76430	21120	0	30686
有限责任公司	160675	12359515	9516908	1751114	2754712	8246823
国有独资公司	73962	5799201	4077080	603034	1722121	4111790
私营有限责任公司	202	128348	117748	29117	10600	123328
合资经营企业(港或澳、台资)	10046	285305	217112	73705	68193	202644
中外合资经营企业	26476	439157	422434	138974	16722	235572
其他有限责任公司	49989	5707504	4682534	906284	937076	3573489
在总计中:亏损企业	295973	2632586	2558164	713216	73593	1849282
在总计中:国有控股企业	374458	16493747	13597677	4280919	2734481	10525462

3-1 续 9　规模以上工业企业主要经济指标(五)

单位：千元

项　　目	无形资产	负债合计	流动负债小计	应付账款	长期负债小计	所有者权益合计
在总计中：农村工业	0	314030	314030	98366	0	192733
在总计中：轻工业	42677	2374497	1814265	700499	300627	1763750
重工业	433776	16565796	13925404	4581028	2548910	10535716
在总计中：大型企业	351045	14768750	12338641	3829614	2430108	9717698
中型企业	42544	2148932	1539822	742021	264269	1418376
小型企业	82864	2022611	1861206	709892	155160	1163392
三、按工业行业大类分						
制造业						
农副食品加工业	0	226553	67107	72799	1699	97288
食品制造业	9236	43579	43579	12855	0	45298
纺织业	12484	1141252	887469	171988	252884	919374
纺织服装、鞋、帽制造业	2114	57639	57375	14351	263	107769
皮革、毛皮、羽毛(绒)及其制品业	333	15540	15540	12804	0	2002
木材加工及木、竹、藤、棕、草制	0	8167	8167	6906	0	2157
家具制造业	0	91925	91925	24624	0	－11649
造纸及纸制品业	767	107449	107280	42668	169	189588
印刷业和记录媒介的复制	4194	106086	74286	52953	31800	50925
文教体育用品制造业	4562	75112	74034	32876	120	38485
石油加工、炼焦及核燃料加工业	277083	1562997	1552134	274723	10862	1474029
化学原料及化学制品制造业	62766	2812248	2411985	389505	400263	1922865
橡胶制品业	32986	3419185	2082202	277826	1336983	2415694
塑料制品业	202	78849	78849	16862	0	9484
非金属矿物制品业	9046	199569	182303	103703	17266	134839
黑色金属冶炼及压延加工业	269	4038163	3406051	474475	628401	2693662
有色金属冶炼及压延加工业	93	166024	155281	83666	10743	－37676
金属制品业	8586	207510	149742	47016	57768	143266
通用设备制造业	36527	310725	278359	113581	32365	181123
专用设备制造业	0	80967	48667	29367	32300	10913
交通运输设备制造业	2228	3440117	3350671	2625571	1683	1409200
电气机械及器材制造业	0	116241	102581	48374	13654	88186
通信设备、计算机及其他电子设备	4210	277186	257045	174753	20141	145635
仪器仪表及文化、办公用机械制造	440	11620	11620	6581	0	41233
工艺品及其他制造业	8327	331090	230917	164779	173	189300
水的生产和供应业						
自来水的生产和供应	0	14500	14500	5921	0	36476

3-1 续 10　规模以上工业企业主要经济指标(六)

单位:千元

项　　目	实收资本	国家资本	集体资本	法人资本	个人资本	港澳台资本
总　　计	**7077627**	**2693952**	**226978**	**2814033**	**305080**	**181019**
一、按登记注册类型分组:						
内资企业	5919604	2624293	204404	2731661	301959	42512
国有企业	1849489	1849489	0	0	0	0
中央企业	1779110	1779110	0	0	0	0
地方企业	70379	70379	0	0	0	0
集体企业	132915	0	131759	1156	0	0
股份合作企业	15585	160	5500	2781	3667	3477
有限责任公司	3813345	774644	65105	2710075	209711	39035
国有独资公司	1737516	631018	18652	940437	127759	4875
其他有限责任公司	2075829	143626	46453	1769638	81952	34160
股份有限公司	22379	0	0	16669	5710	0
私营企业	85891	0	2040	980	82871	0
私营合作企业	4000	0	2040	980	980	0
私营有限责任公司	51391	0	0	0	51391	0
私营股份有限公司	30500	0	0	0	30500	0
港、澳、台商投资企业	219118	57868	15120	7623	0	138507
合资经营企业(港或澳、台资)	180541	57868	15120	7623	0	99930
港澳台商独资经营企业	38577	0	0	0	0	38577
外商投资企业	938905	11791	7454	74749	3121	0
中外合资经营企业	260974	11791	7454	74749	2871	0
中外合作经营企业	2940	0	0	0	250	0
外资企业	674991	0	0	0	0	0
二、按经济组织类型分组						
独资企业	2695972	1849489	131759	1156	0	38577
国有企业	1849489	1849489	0	0	0	0
集体企业	132915	0	131759	1156	0	0
港澳台商独资经营企业	38577	0	0	0	0	38577
外资企业	674991	0	0	0	0	0
合作、合伙企业	22525	160	7540	3761	4897	3477
股份合作企业	15585	160	5500	2781	3667	3477
私营合伙企业	4000	0	2040	980	980	0
中外合作经营企业	2940	0	0	0	250	0
股份有限公司	52879	0	0	16669	36210	0
股份有限公司(内资)	22379	0	0	16669	5710	0
私营股份有限公司	30500	0	0	0	30500	0
有限责任公司	4306251	844303	87679	2792447	263973	138965
国有独资公司	1737516	631018	18652	940437	127759	4875
私营有限责任公司	51391	0	0	0	51391	0
合资经营企业(港或澳、台资)	180541	57868	15120	7623	0	99930
中外合资经营企业	260974	11791	7454	74749	2871	0
其他有限责任公司	2075829	143626	46453	1769638	81952	34160
在总计中:亏损企业	2180189	1657721	20544	134380	34221	4928
在总计中:国有控股企业	5716667	2670662	60550	2636792	194606	127907

3-1续11　规模以上工业企业主要经济指标(六)

单位:千元

项　　目	实收资本	国家资本	集体资本	法人资本	个人资本	港澳台资　本
在总计中:农村工业	164854	0	119934	8726	30000	0
在总计中:轻工业	1006643	97081	123636	198386	56215	40766
重工业	6070984	2596871	103342	2615647	248865	140253
在总计中:大型企业	5204808	2477428	54238	2491765	128167	39035
中型企业	775047	65688	93259	117234	75900	0
小型企业	1097772	150836	79481	205034	101013	141984
三、按工业行业大类分						
制造业						
农副食品加工业	32226	0	0	22549	5710	0
食品制造业	42200	0	7020	0	30500	0
纺织业	371348	61080	4226	136197	0	6819
纺织服装、鞋、帽制造业	95561	0	0	0	500	0
皮革、毛皮、羽毛(绒)及其制品业	3528	0	0	758	240	0
木材加工及木、竹、藤、棕、草制	2029	410	0	0	1619	0
家具制造业	13764	0	0	7570	0	0
造纸及纸制品业	120414	4321	107933	0	1350	2880
印刷业和记录媒介的复制	46927	24690	0	8386	13851	0
文教体育用品制造业	42240	0	0	550	450	29481
石油加工、炼焦及核燃料加工业	1602770	1594770	0	6000	2000	0
化学原料及化学制品制造业	882550	373343	21431	105484	129143	8181
橡胶制品业	1134986	279830	12559	842597	0	0
塑料制品业	11223	0	6009	0	1000	0
非金属矿物制品业	119482	0	1330	64658	15390	0
黑色金属冶炼及压延加工业	1696837	43673	39368	1571518	408	34160
有色金属冶炼及压延加工业	19293	19293	0	0	0	0
金属制品业	168662	74840	4727	200	850	86802
通用设备制造业	105725	50505	10187	24679	16754	3600
专用设备制造业	5660	160	5500	0	0	0
交通运输设备制造业	226511	160047	4648	0	61235	0
电气机械及器材制造业	41126	0	2040	1907	22250	7510
通信设备、计算机及其他电子设备	90076	0	0	0	0	0
仪器仪表及文化、办公用机械制造	23010	0	0	18490	1830	0
工艺品及其他制造业	172489	0	0	2490	0	1586
水的生产和供应业						
自来水的生产和供应	6990	6990	0	0	0	0

3-1 续12 规模以上工业企业主要经济指标(七)

单位:千元

项目	外商资本	产品销售收入	产品销售成本	产品销售费用	广告费	产品销售税金及附加
总计	**856565**	**37627087**	**33781584**	**398907**	**18465**	**395213**
一、按登记注册类型分组:						
内资企业	14775	33800681	30438523	283099	17385	395173
国有企业	0	15375047	14119771	50772	2276	290898
中央企业	0	15221764	14002133	45424	2217	289821
地方企业	0	153283	117638	5348	59	1077
集体企业	0	607535	589391	4287	12	1699
股份合作企业	0	254683	219353	7634	0	1290
有限责任公司	14775	17105858	15117420	204481	15085	99804
国有独资公司	14775	3559906	2852700	95748	3273	69001
其他有限责任公司	0	13545952	12264720	108733	11812	30803
股份有限公司	0	158740	139574	8496	0	411
私营企业	0	298818	253014	7429	12	1071
私营合作企业	0	33098	30294	433	0	343
私营有限责任公司	0	225060	191874	5907	12	671
私营股份有限公司	0	40660	30846	1089	0	57
港、澳、台商投资企业	0	753841	678072	12795	100	12
合资经营企业(港或澳、台资)	0	693774	630051	9333	100	12
港澳台商独资经营企业	0	60067	48021	3462	0	0
外商投资企业	841790	3072565	2664989	103013	980	28
中外合资经营企业	164109	558687	439725	22709	138	5
中外合作经营企业	2690	4420	3280	70	0	0
外资企业	674991	2509458	2221984	80234	842	23
二、按经济组织类型分组						
独资企业	674991	18552107	16979167	138755	3130	292620
国有企业	0	15375047	14119771	50772	2276	290898
集体企业	0	607535	589391	4287	12	1699
港澳台商独资经营企业	0	60067	48021	3462	0	0
外资企业	674991	2509458	2221984	80234	842	23
合作、合伙企业	2690	292201	252927	8137	0	1633
股份合作企业	0	254683	219353	7634	0	1290
私营合伙企业	0	33098	30294	433	0	343
中外合作经营企业	2690	4420	3280	70	0	0
股份有限公司	0	199400	170420	9585	0	468
股份有限公司(内资)	0	158740	139574	8496	0	411
私营股份有限公司	0	40660	30846	1089	0	57
有限责任公司	178884	18583379	16379070	242430	15335	100492
国有独资公司	14775	3559906	2852700	95748	3273	69001
私营有限责任公司	0	225060	191874	5907	12	671
合资经营企业(港或澳、台资)	0	693774	630051	9333	100	12
中外合资经营企业	164109	558687	439725	22709	138	5
其他有限责任公司	0	13545952	12264720	108733	11812	30803
在总计中:亏损企业	328395	5541510	5058888	65285	2633	260018
在总计中:国有控股企业	26150	32100722	28864501	256687	17395	388038

3-1 续13　规模以上工业企业主要经济指标(七)

单位:千元

项　　目	外商资本	产品销售收入	产品销售成本	产品销售费用	广告费	产品销售税金及附加
在总计中:农村工业	6194	282985	259759	4029	12	1321
在总计中:轻工业	490559	3649641	3156363	115460	1414	6087
重工业	366006	33977446	30625221	283447	17051	389126
在总计中:大型企业	14175	30284317	27369450	191617	16633	381117
中型企业	422966	3608791	3108130	100136	1456	7128
小型企业	419424	3733979	3304004	107154	376	6968
三、按工业行业大类分						
制造业						
农副食品加工业	3967	205747	185825	9334	0	411
食品制造业	4680	87550	69183	11086	446	143
纺织业	163026	1644678	1387700	39714	327	3086
纺织服装、鞋、帽制造业	95061	141691	113682	4583	0	67
皮革、毛皮、羽毛(绒)及其制品业	2530	63226	56313	3429	0	34
木材加工及木、竹、藤、棕、草制	0	19398	16675	294	0	167
家具制造业	6194	41055	35090	2576	0	0
造纸及纸制品业	3930	266926	242444	1737	0	894
印刷业和记录媒介的复制	0	93076	71138	5316	68	464
文教体育用品制造业	11759	193980	162011	15255	0	365
石油加工、炼焦及核燃料加工业	0	4213303	3815641	5230	1647	258793
化学原料及化学制品制造业	244968	2619997	2164737	73962	655	16966
橡胶制品业	0	1822410	1451908	51652	2682	52743
塑料制品业	4214	49356	49243	1232	0	10
非金属矿物制品业	38104	249876	195964	15418	0	1301
黑色金属冶炼及压延加工业	7710	11420705	10446289	49336	11296	22389
有色金属冶炼及压延加工业	0	16084	16486	453	0	76
金属制品业	1243	272585	235951	6356	100	228
通用设备制造业	0	392286	299344	9594	59	2758
专用设备制造业	0	121636	102871	5457	0	834
交通运输设备制造业	581	11998739	11104704	53181	615	32776
电气机械及器材制造业	7419	150769	133620	3392	0	414
通信设备、计算机及其他电子设备	90076	1068325	1026409	7404	0	0
仪器仪表及文化、办公用机械制造	2690	35054	25693	3699	55	211
工艺品及其他制造业	168413	428579	355873	19217	515	0
水的生产和供应业						
自来水的生产和供应	0	10056	16790	0	0	83

3-1续14 规模以上工业企业主要经济指标(八)

单位:千元

项目	产品销售利润	其他业务利润	管理费用	税金	财产保险费	劳动、待业保险费
总计	**3051383**	**140075**	**1619348**	**45100**	**32825**	**102808**
一、按登记注册类型分组:						
内资企业	2683886	132302	1429501	41470	29102	101865
国有企业	913606	68520	391776	10368	12948	22081
中央企业	884386	60811	358135	9924	12453	16189
地方企业	29220	7709	33641	444	495	5892
集体企业	12158	1806	13647	367	451	0
股份合作企业	26406	622	27767	626	299	806
有限责任公司	1684153	60875	970297	28849	15061	78927
国有独资公司	542457	51065	388504	13476	9663	70651
其他有限责任公司	1141696	9810	581793	15373	5398	8276
股份有限公司	10259	417	7582	816	203	31
私营企业	37304	62	18432	444	140	20
私营合作企业	2028	0	1377	107	21	20
私营有限责任公司	26608	62	13805	337	119	0
私营股份有限公司	8668	0	3250	0	0	0
港、澳、台商投资企业	62962	6832	30859	580	191	110
合资经营企业(港或澳、台资)	54378	6755	25166	442	191	43
港澳台商独资经营企业	8584	77	5693	138	0	67
外商投资企业	304535	941	158988	3050	3532	833
中外合资经营企业	96248	442	51561	899	2224	349
中外合作经营企业	1070	0	540	10	0	4
外资企业	207217	499	106887	2141	1308	480
二、按经济组织类型分组						
独资企业	1141565	70902	518003	13014	14707	22628
国有企业	913606	68520	391776	10368	12948	22081
集体企业	12158	1806	13647	367	451	0
港澳台商独资经营企业	8584	77	5693	138	0	67
外资企业	207217	499	106887	2141	1308	480
合作、合伙企业	29504	622	29684	743	320	830
股份合作企业	26406	622	27767	626	299	806
私营合伙企业	2028	0	1377	107	21	20
中外合作经营企业	1070	0	540	10	0	4
股份有限公司	18927	417	10832	816	203	31
股份有限公司(内资)	10259	417	7582	816	203	31
私营股份有限公司	8668	0	3250	0	0	0
有限责任公司	1861387	68134	1060829	30527	17595	79319
国有独资公司	542457	51065	388504	13476	9663	70651
私营有限责任公司	26608	62	13805	337	119	0
合资经营企业(港或澳、台资)	54378	6755	25166	442	191	43
中外合资经营企业	96248	442	51561	899	2224	349
其他有限责任公司	1141696	9810	581793	15373	5398	8276
在总计中:亏损企业	157319	12953	204844	7692	7572	14493
在总计中:国有控股企业	2591496	126095	1358693	37690	29496	100421

3-1续15 规模以上工业企业主要经济指标(八)

单位:千元

项目	产品销售利润	其他业务利润	管理费用	税金	财产保险费	劳动、待业保险费
在总计中:农村工业	17876	1789	14193	321	402	0
在总计中:轻工业	371731	14270	243020	8550	6628	3457
重工业	2679652	125805	1376328	36550	26197	99351
在总计中:大型企业	2342133	111505	1163821	32383	21318	86765
中型企业	393397	7988	215778	6124	4671	13786
小型企业	315853	20582	239749	6593	6836	2257
三、按工业行业大类分						
制造业						
农副食品加工业	10177	451	9069	899	203	31
食品制造业	7138	109	10972	247	43	143
纺织业	214178	3318	105853	3992	740	2624
纺织服装、鞋、帽制造业	23359	48	15707	344	84	67
皮革、毛皮、羽毛(绒)及其制品业	3450	1931	4840	98	60	85
木材加工及木、竹、藤、棕、草制	2262	80	2105	29	18	0
家具制造业	3389	0	1592	0	0	0
造纸及纸制品业	21851	1170	7989	255	265	4
印刷业和记录媒介的复制	16158	309	15580	288	2947	62
文教体育用品制造业	16349	65	16197	559	42	111
石油加工、炼焦及核燃料加工业	133639	3446	113443	4266	6588	13961
化学原料及化学制品制造业	364332	22217	270044	7730	3949	27857
橡胶制品业	266107	36690	173473	6864	7569	45166
塑料制品业	－1129	402	2509	86	0	0
非金属矿物制品业	37193	1280	28992	306	1447	2923
黑色金属冶炼及压延加工业	902691	317	415296	7624	117	16
有色金属冶炼及压延加工业	－931	1231	4704	330	24	24
金属制品业	30050	280	17990	472	90	123
通用设备制造业	80590	2291	49663	2494	218	6815
专用设备制造业	12474	227	12051	256	169	114
交通运输设备制造业	808078	56721	264563	5752	6055	2351
电气机械及器材制造业	13343	8	9646	335	64	70
通信设备、计算机及其他电子设备	34512	79	20951	145	14	42
仪器仪表及文化、办公用机械制造	5451	1462	6562	221	0	130
工艺品及其他制造业	53489	1991	36181	1475	2119	89
水的生产和供应业						
自来水的生产和供应	－6817	3952	3376	33	0	0

3-1 续 16　规模以上工业企业主要经济指标(九)

单位：千元

项　　目	养老保险和医疗保险费	办公费	研究开发费	职工教育费	财务费用	利息支出
总　　计	**245993**	**47456**	**77318**	**10486**	**369337**	**333631**
一、按登记注册类型分组：						
内资企业	231063	33333	75619	9763	335314	315375
国有企业	43359	3787	16693	2665	41600	41751
中央企业	42323	3647	15843	2442	40629	40759
地方企业	1036	140	850	223	971	992
集体企业	1884	279	0	137	2522	2059
股份合作企业	5181	1116	495	411	2601	2695
有限责任公司	179294	27225	57660	6445	281367	263624
国有独资公司	83085	7211	24420	3047	134548	128037
其他有限责任公司	96209	20014	33240	3398	146819	135587
股份有限公司	127	200	0	0	1697	0
私营企业	1218	726	771	105	5527	5246
私营合作企业	270	66	1	2	573	572
私营有限责任公司	948	660	770	103	3214	2934
私营股份有限公司	0	0	0	0	1740	1740
港、澳、台商投资企业	1833	1030	1194	7	5096	4358
合资经营企业(港或澳、台资)	983	822	1194	7	4896	4275
港澳台商独资经营企业	850	208	0	0	200	83
外商投资企业	13097	13093	505	716	28927	13898
中外合资经营企业	4033	7233	502	283	8439	5660
中外合作经营企业	50	30	0	0	－30	0
外资企业	9014	5830	3	433	20518	8238
二、按经济组织类型分组						
独资企业	55107	10104	16696	3235	64840	52131
国有企业	43359	3787	16693	2665	41600	41751
集体企业	1884	279	0	137	2522	2059
港澳台商独资经营企业	850	208	0	0	200	83
外资企业	9014	5830	3	433	20518	8238
合作、合伙企业	5501	1212	496	413	3144	3267
股份合作企业	5181	1116	495	411	2601	2695
私营合伙企业	270	66	1	2	573	572
中外合作经营企业	50	30	0	0	－30	0
股份有限公司	127	200	0	0	3437	1740
股份有限公司(内资)	127	200	0	0	1697	0
私营股份有限公司	0	0	0	0	1740	1740
有限责任公司	185258	35940	60126	6838	297916	276493
国有独资公司	83085	7211	24420	3047	134548	128037
私营有限责任公司	948	660	770	103	3214	2934
合资经营企业(港或澳、台资)	983	822	1194	7	4896	4275
中外合资经营企业	4033	7233	502	283	8439	5660
其他有限责任公司	96209	20014	33240	3398	146819	135587
在总计中：亏损企业	13183	5250	1375	1241	59109	55158
在总计中：国有控股企业	218026	30271	74159	8913	323384	304043

3-1 续 17 规模以上工业企业主要经济指标(九)

单位:千元

项目	养老保险和医疗保险费	办公费	研究开发费	职工教育费	财务费用	利息支出
在总计中:农村工业	901	174	0	94	4443	3257
在总计中:轻工业	46561	9887	6602	1297	56333	35619
重工业	199432	37569	70716	9189	313004	298012
在总计中:大型企业	192479	26247	65498	7584	280457	269435
中型企业	30245	6543	9010	1947	50810	32639
小型企业	23269	14666	2810	955	38070	31557
三、按工业行业大类分						
制造业						
农副食品加工业	193	329	0	0	2149	264
食品制造业	2139	479	500	59	1050	897
纺织业	34121	2799	5884	881	44905	27649
纺织服装、鞋、帽制造业	1498	1788	0	14	463	314
皮革、毛皮、羽毛(绒)及其制品业	329	219	0	15	171	0
木材加工及木、竹、藤、棕、草制	775	357	0	24	16	16
家具制造业	0	0	0	0	709	0
造纸及纸制品业	476	342	0	12	555	404
印刷业和记录媒介的复制	1569	616	217	71	1199	1142
文教体育用品制造业	1168	677	0	24	1641	918
石油加工、炼焦及核燃料加工业	3408	1726	443	762	38838	38841
化学原料及化学制品制造业	52388	11274	23627	3097	68333	61499
橡胶制品业	36399	3424	2783	379	82979	80949
塑料制品业	334	167	0	37	1897	1477
非金属矿物制品业	1770	406	3499	164	3497	3435
黑色金属冶炼及压延加工业	54854	15575	22650	1988	99156	94516
有色金属冶炼及压延加工业	299	88	0	5	1700	1700
金属制品业	809	363	0	47	3208	2876
通用设备制造业	3653	601	915	202	4721	4729
专用设备制造业	1674	456	430	256	2027	2103
交通运输设备制造业	41812	2741	16305	1941	4376	4383
电气机械及器材制造业	1587	252	1	93	2529	2149
通信设备、计算机及其他电子设备	312	569	3	223	1687	593
仪器仪表及文化、办公用机械制造	1179	646	61	41	93	123
工艺品及其他制造业	2974	1561	0	151	858	2058
水的生产和供应业						
自来水的生产和供应	273	1	0	0	580	596

3-1 续 18 规模以上工业企业主要经济指标(十)

单位:千元

项目	营业利润	投资收益	补贴收入	利润总额	应交所得税	亏损企业亏损总额
总计	**1202773**	**50105**	**10924**	**1325190**	**371541**	**86312**
一、按登记注册类型分组:						
内资企业	1051373	48863	10924	1170443	354421	50185
国有企业	548750	20485	5783	569892	193242	32345
中央企业	546433	20325	0	567761	193200	24229
地方企业	2317	160	5783	2131	42	8116
集体企业	－2205	52	0	1396	2527	7474
股份合作企业	－3340	－3	0	3181	1497	2703
有限责任公司	493364	28329	3136	581327	153631	7489
国有独资公司	70470	22484	3123	107848	50130	0
其他有限责任公司	422894	5845	13	473479	103501	7489
股份有限公司	1397	0	2005	2315	846	0
私营企业	13407	0	0	12332	2678	174
私营合作企业	78	0	0	386	127	0
私营有限责任公司	9651	0	0	8408	2531	102
私营股份有限公司	3678	0	0	3538	20	72
港、澳、台商投资企业	33839	0	0	33701	2371	3439
合资经营企业(港或澳、台资)	31071	0	0	31054	2291	3427
港澳台商独资经营企业	2768	0	0	2647	80	12
外商投资企业	117561	1242	0	121046	14749	32688
中外合资经营企业	36690	0	0	33233	2685	10346
中外合作经营企业	560	0	0	560	0	0
外资企业	80311	1242	0	87253	12064	22342
二、按经济组织类型分组						
独资企业	629624	21779	5783	661188	207913	62173
国有企业	548750	20485	5783	569892	193242	32345
集体企业	－2205	52	0	1396	2527	7474
港澳台商独资经营企业	2768	0	0	2647	80	12
外资企业	80311	1242	0	87253	12064	22342
合作、合伙企业	－2702	－3	0	4127	1624	2703
股份合作企业	－3340	－3	0	3181	1497	2703
私营合伙企业	78	0	0	386	127	0
中外合作经营企业	560	0	0	560	0	0
股份有限公司	5075	0	2005	5853	866	72
股份有限公司(内资)	1397	0	2005	2315	846	0
私营股份有限公司	3678	0	0	3538	20	72
有限责任公司	570776	28329	3136	654022	161138	21364
国有独资公司	70470	22484	3123	107848	50130	0
私营有限责任公司	9651	0	0	8408	2531	102
合资经营企业(港或澳、台资)	31071	0	0	31054	2291	3427
中外合资经营企业	36690	0	0	33233	2685	10346
其他有限责任公司	422894	5845	13	473479	103501	7489
在总计中:亏损企业	－93681	1676	5783	－86312	515	86312
在总计中:国有控股企业	1035514	44846	10911	1143909	342490	41944

3-1 续19 规模以上工业企业主要经济指标(十)

单位:千元

项　　目	营业利润	投资收益	补贴收入	利润总额	应交所得税	亏损企业亏损总额
在总计中:农村工业	1029	52	0	315	1591	9201
在总计中:轻工业	86648	3320	7801	99642	17654	40643
重工业	1116125	46785	3123	1225548	353887	45669
在总计中:大型企业	1009360	42807	3123	1116530	333461	17351
中型企业	134797	3123	2005	137389	20288	11840
小型企业	58616	4175	5796	71271	17792	57121
三、按工业行业大类分						
制造业						
农副食品加工业	－590	0	2005	319	846	1996
食品制造业	－4775	0	0	－9971	0	9971
纺织业	66738	2633	0	76259	10371	4448
纺织服装、鞋、帽制造业	7237	0	0	7372	352	183
皮革、毛皮、羽毛(绒)及其制品业	370	0	0	290	0	455
木材加工及木、竹、藤、棕、草制	221	0	0	225	104	0
家具制造业	1088	0	0	－1961	0	1961
造纸及纸制品业	14477	0	0	15384	2743	3409
印刷业和记录媒介的复制	－312	－2	0	250	502	689
文教体育用品制造业	－1424	0	0	287	370	3285
石油加工、炼焦及核燃料加工业	－15196	1525	0	－4660	1524	17351
化学原料及化学制品制造业	48172	22683	3136	91665	32516	12306
橡胶制品业	46345	13	0	39038	20296	0
塑料制品业	－5133	0	0	－5063	0	5063
非金属矿物制品业	5984	479	0	11465	3197	49
黑色金属冶炼及压延加工业	388556	0	0	437014	91180	278
有色金属冶炼及压延加工业	－6104	0	0	－6189	0	6189
金属制品业	9132	0	0	8510	241	1597
通用设备制造业	28497	3284	0	23352	5298	972
专用设备制造业	－1377	0	0	－1461	983	2703
交通运输设备制造业	595860	18801	0	607918	195789	46
电气机械及器材制造业	1176	0	0	2005	247	3
通信设备、计算机及其他电子设备	11953	0	0	15335	2949	6414
仪器仪表及文化、办公用机械制造	258	689	0	921	118	0
工艺品及其他制造业	18441	0	0	17970	1915	5860
水的生产和供应业						
自来水的生产和供应	－6821	0	5783	－1084	0	1084

3-1 续20 规模以上工业企业主要经济指标(十一)

单位:千元

项　　目	利税总额	本年应付工资	主营业务应付工资总额	本年应付福利费	主营业务应付福利费总额	本年应交增值税
总　　计	**2664804**	**1092055**	**1045550**	**117408**	**115664**	**944401**
一、按登记注册类型分组:						
内资企业	2476989	803710	760961	107136	105739	911373
国有企业	1218295	188338	187520	25527	25413	357505
中央企业	1204784	163289	163289	22846	22846	347202
地方企业	13511	25049	24231	2681	2567	10303
集体企业	18152	18641	18641	2705	2605	15057
股份合作企业	12299	16329	16329	2030	2030	7828
有限责任公司	1202295	557848	516097	73861	72703	521164
国有独资公司	308603	222751	214993	32886	32516	131754
其他有限责任公司	893692	335097	301104	40975	40187	389410
股份有限公司	3992	8220	8220	1282	1282	1266
私营企业	21956	14334	14154	1731	1706	8553
私营合作企业	2013	1000	1000	140	140	1284
私营有限责任公司	15760	10291	10111	1160	1135	6681
私营股份有限公司	4183	3043	3043	431	431	588
港、澳、台商投资企业	49731	24175	24175	1403	1403	16018
合资经营企业(港或澳、台资)	47047	16638	16638	283	283	15981
港澳台商独资经营企业	2684	7537	7537	1120	1120	37
外商投资企业	138084	264170	260414	8869	8522	17010
中外合资经营企业	41643	39245	39245	2125	2125	8405
中外合作经营企业	610	560	560	20	20	50
外资企业	95831	224365	220609	6724	6377	8555
二、按经济组织类型分组						
独资企业	1334962	438881	434307	36076	35515	381154
国有企业	1218295	188338	187520	25527	25413	357505
集体企业	18152	18641	18641	2705	2605	15057
港澳台商独资经营企业	2684	7537	7537	1120	1120	37
外资企业	95831	224365	220609	6724	6377	8555
合作、合伙企业	14922	17889	17889	2190	2190	9162
股份合作企业	12299	16329	16329	2030	2030	7828
私营合伙企业	2013	1000	1000	140	140	1284
中外合作经营企业	610	560	560	20	20	50
股份有限公司	8175	11263	11263	1713	1713	1854
股份有限公司(内资)	3992	8220	8220	1282	1282	1266
私营股份有限公司	4183	3043	3043	431	431	588
有限责任公司	1306745	624022	582091	77429	76246	552231
国有独资公司	308603	222751	214993	32886	32516	131754
私营有限责任公司	15760	10291	10111	1160	1135	6681
合资经营企业(港或澳、台资)	47047	16638	16638	283	283	15981
中外合资经营企业	41643	39245	39245	2125	2125	8405
其他有限责任公司	893692	335097	301104	40975	40187	389410
在总计中:亏损企业	260316	157370	156196	14432	14288	86610
在总计中:国有控股企业	2397131	731705	689503	96273	95055	865184

3-1 续 21　规模以上工业企业主要经济指标(十一)

单位:千元

项　　目	利税总额	本年应付工资	主营业务应付工资总额	本年应付福利费	主营业务应付福利费总额	本年应交增值税
在总计中:农村工业	15505	18791	18791	2205	2205	13869
在总计中:轻工业	141336	318520	313159	19910	19184	35607
重工业	2523468	773535	732391	97498	96480	908794
在总计中:大型企业	2316887	578196	570568	82724	82237	819240
中型企业	195325	299054	261825	16613	15669	50808
小型企业	152592	214805	213157	18071	17758	74353
三、按工业行业大类分						
制造业						
农副食品加工业	2027	10742	10742	1282	1282	1297
食品制造业	－8161	8215	8215	845	845	1667
纺织业	85753	115448	114692	8915	8662	6408
纺织服装、鞋、帽制造业	7530	55010	51610	2212	1895	91
皮革、毛皮、羽毛(绒)及其制品业	331	10163	9843	764	734	7
木材加工及木、竹、藤、棕、草制	775	1658	1431	232	200	383
家具制造业	872	3611	3611	0	0	2833
造纸及纸制品业	25284	16751	16751	970	970	9006
印刷业和记录媒介的复制	5359	5568	5568	779	779	4645
文教体育用品制造业	672	26273	26273	1403	1403	20
石油加工、炼焦及核燃料加工业	325507	54940	54940	7136	7136	71374
化学原料及化学制品制造业	203672	159870	148835	25501	24670	95041
橡胶制品业	139598	85300	85300	11831	11831	47817
塑料制品业	－4740	3305	3305	346	346	313
非金属矿物制品业	27098	46103	16670	1178	1178	14332
黑色金属冶炼及压延加工业	804151	187940	187940	25390	25390	344748
有色金属冶炼及压延加工业	－5406	1772	1772	230	230	707
金属制品业	20074	10259	10223	668	668	11336
通用设备制造业	49181	33846	33546	4431	4389	23071
专用设备制造业	1732	6073	6073	806	806	2359
交通运输设备制造业	936989	132770	132590	18402	18277	296295
电气机械及器材制造业	4559	11387	11387	1386	1386	2140
通信设备、计算机及其他电子设备	15745	58600	58600	853	853	410
仪器仪表及文化、办公用机械制造	3299	3047	3047	412	412	2167
工艺品及其他制造业	23301	40831	40831	1076	1076	5331
水的生产和供应业						
自来水的生产和供应	－398	2573	1755	360	246	603

3-1 续22　规模以上工业企业主要经济指标(十二)

单位:千元

项　目	进项税额	销项税额	经营活动产生的现金流量净额	投资活动产生的现金流量净额	筹资活动产生的现金流量净额	全部从业人员年平均人数(人)
总　计	**5286911**	**6073525**	**1573092**	**417417**	**614519**	**73888**
一、按登记注册类型分组:						
内资企业	5018845	5859676	1328098	484212	656846	54494
国有企业	2097759	2452220	314444	-102119	2690	7846
中央企业	2081714	2426771	290061	-99365	2727	5990
地方企业	16045	25449	24383	-2754	-37	1856
集体企业	90029	103851	24148	-20584	14047	2174
股份合作企业	32527	40358	-9696	-2407	1578	1650
有限责任公司	2740508	3195909	985277	620843	639148	40384
国有独资公司	427174	531837	44215	-330798	560296	15975
其他有限责任公司	2313334	2664072	941062	951641	78852	24409
股份有限公司	19587	20835	0	0	0	812
私营企业	38435	46503	13925	-11521	-617	1628
私营合作企业	4343	5627	-1588	-2074	0	102
私营有限责任公司	27911	34170	14679	-9447	-617	1208
私营股份有限公司	6181	6706	834	0	0	318
港、澳、台商投资企业	141811	138360	31239	-737	-12719	1594
合资经营企业(港或澳、台资)	137306	136020	24974	-1311	-12189	774
港澳台商独资经营企业	4505	2340	6265	574	-530	820
外商投资企业	126255	75489	213755	-66058	-29608	17800
中外合资经营企业	45852	31694	11719	-19835	2838	2538
中外合作经营企业	180	180	-530	-710	1700	21
外资企业	80223	43615	202566	-45513	-34146	15241
二、按经济组织类型分组						
独资企业	2272516	2602026	547423	-167642	-17939	26081
国有企业	2097759	2452220	314444	-102119	2690	7846
集体企业	90029	103851	24148	-20584	14047	2174
港澳台商独资经营企业	4505	2340	6265	574	-530	820
外资企业	80223	43615	202566	-45513	-34146	15241
合作、合伙企业	37050	46165	-11814	-5191	3278	1773
股份合作企业	32527	40358	-9696	-2407	1578	1650
私营合伙企业	4343	5627	-1588	-2074	0	102
中外合作经营企业	180	180	-530	-710	1700	21
股份有限公司	25768	27541	834	0	0	1130
股份有限公司(内资)	19587	20835	0	0	0	812
私营股份有限公司	6181	6706	834	0	0	318
有限责任公司	2951577	3397793	1036649	590250	629180	44904
国有独资公司	427174	531837	44215	-330798	560296	15975
私营有限责任公司	27911	34170	14679	-9447	-617	1208
合资经营企业(港或澳、台资)	137306	136020	24974	-1311	-12189	774
中外合资经营企业	45852	31694	11719	-19835	2838	2538
其他有限责任公司	2313334	2664072	941062	951641	78852	24409
在总计中:亏损企业	723709	794448	233934	-24211	20358	10171
在总计中:国有控股企业	4805380	5584973	1269514	520662	631985	46626

3-1续23　规模以上工业企业主要经济指标(十二)

单位:千元

项　　目	进项税额	销项税额	经营活动产生的现金流量净额	投资活动产生的现金流量净额	筹资活动产生的现金流量净额	全部从业人员年平均人数(人)
在总计中:农村工业	36055	48749	26074	－20584	15587	1872
在总计中:轻工业	304222	239860	189622	－88818	－13934	26351
重工业	4982689	5833665	1383470	506235	628453	47537
在总计中:大型企业	4581769	5374632	1204868	583601	619330	36520
中型企业	280082	272740	231281	－98230	－13667	20975
小型企业	425060	426153	136943	－67954	8856	16393
三、按工业行业大类分						
制造业						
农副食品加工业	19805	20845	－4712	0	－353	1155
食品制造业	9009	10498	－2674	－674	622	674
纺织业	127295	92614	58158	－51185	－12176	12032
纺织服装、鞋、帽制造业	4316	1132	2446	－670	0	3431
皮革、毛皮、羽毛(绒)及其制品业	5823	6199	7705	273	0	872
木材加工及木、竹、藤、棕、草制	2335	2718	6190	66	－5	157
家具制造业	4225	7056	2987	0	1540	191
造纸及纸制品业	53386	46505	27483	－6971	2206	1169
印刷业和记录媒介的复制	11320	15967	6407	－7261	－3992	507
文教体育用品制造业	14134	2084	－4731	－305	8800	2512
石油加工、炼焦及核燃料加工业	629531	699060	177751	0	0	2061
化学原料及化学制品制造业	265650	337329	170054	88288	－544	11982
橡胶制品业	284840	332657	－83350	－423493	556276	5576
塑料制品业	2811	3124	700	－15441	13928	387
非金属矿物制品业	26697	36409	26895	－26342	－167	1296
黑色金属冶炼及压延加工业	2062381	2407860	876698	1016500	69160	12285
有色金属冶炼及压延加工业	2799	3206	－652	0	0	128
金属制品业	31406	41303	29163	24	－15000	841
通用设备制造业	28235	48347	30434	－4547	－559	2830
专用设备制造业	14894	17253	－9016	－77	315	522
交通运输设备制造业	1594935	1890640	139661	－118807	－2326	5768
电气机械及器材制造业	15589	14185	315	－5555	2167	1223
通信设备、计算机及其他电子设备	29480	8491	26591	－15382	1392	3148
仪器仪表及文化、办公用机械制造	3881	5999	18036	－486	1731	360
工艺品及其他制造业	42134	22044	71100	－10538	－8496	2650
水的生产和供应业						
自来水的生产和供应	0	0	－547	0	0	131

3-2 规模以上工业主要产品产量和生产能力

产品名称	计量单位	产 量	生产厂家
纱	吨	20614	青岛华捷纺织有限公司、青岛纺联集团六棉有限公司、青岛纺联集团八棉有限公司
布	万米	4678	青岛纺联集团六棉有限公司、青岛纺联集团八棉有限公司
棉布	万米	2246	青岛纺联集团六棉有限公司、青岛纺联集团八棉有限公司
呢绒	万米	77	青岛日毛织物有限公司
服装	万件	2242	青岛诗诺服装、青岛世荣服装、青岛韩周服装、青岛泛高服装、青岛子午服装、青岛安东源服装、青岛海歌制衣有限公司
粗钢	吨	2041189	青岛钢铁控股集团有限公司、青岛电站阀门有限公司
钢材	吨	1930500	青岛钢铁控股集团有限公司、青岛罗福特钢管有限公司、青岛海湾集团有限公司
线材(盘条)	吨	1269263	青岛钢铁控股集团有限公司
生铁	吨	2000118	青岛钢铁控股集团有限公司
无缝钢管	吨	2052	青岛罗福特钢管有限公司
原盐	吨	343000	青岛海湾集团有限公司
发电量	万千瓦时	23960	青岛海湾集团有限公司
火电	万千瓦时	23960	青岛海湾集团有限公司
农用氮磷钾化学肥料总计(折纯)	吨	81297	青岛海湾集团有限公司
氮肥	吨	81297	青岛海湾集团有限公司
化学农药	吨	2039	青岛海湾集团有限公司
水泥	万吨	57.73	青岛鲁碧水泥有限公司、青岛海湾集团有限公司
碳酸钠(纯碱)	吨	624659	青岛海湾集团有限公司
合成氨	吨	112377	青岛海湾集团有限公司
化学原料药	吨	616	青岛红星化工集团有限公司
硫酸	吨	27079	青岛红星化工集团有限公司
轮胎外胎	条	3004157	青岛黄海橡胶集团有限公司
塑料树脂及共聚物	吨	2932	青岛石油化工厂
汽油	吨	488750	青岛石油化工厂
柴油	吨	681174	青岛石油化工厂
汽车	辆	65440	中国一汽集团青岛汽车厂
载货汽车	辆	65440	中国一汽集团青岛汽车厂
金属切削机床	台	990	青岛生建机械厂

3-3　规模以上工业企业能源购进、消费及库存

能源名称	计量单位	年初库存	购进量		消
			实物量	金　额 (万元)	合　　计
甲	乙	1	2	3	4
原煤	吨	99630	1005014	30095.2	1053339
型煤	吨	1	39	29.4	39
焦煤	吨	3874	1262499	120775.4	1262624
焦炉煤气	万立方米		117	64.0	117
原油	吨	35370	1877181	356662.1	1870636
汽油	吨	5451	2973	941.3	3238
煤油	吨	17	483	162.4	481
柴油	吨	5152	26833	8210.5	27590
燃料油	吨	11264	41710	7947.9	48530
液化石油气	吨	588	1093	351.6	1110
炼厂干气	吨				30417
其他石油制品	吨	2223			
热力	百万千焦		1798589	4580.1	4694293
电力	万千瓦时		156632	91172.6	175263
其他燃料	吨标准煤	1385	28792	4030.8	30177
能源合计	吨标准煤	161716	5455317	624704.2	5715068
工业取水总量	立方米		23530587	5427	
1. 地下水及地表水	立方米		1497494	62.4	
2. 自来水	立方米		21506129	5326.7	
3. 其他水	立方米		550168		
重复用水量	立方米		18331719		

3-3 续　规模以上工业企业能源购进、消费及库存

能源名称	计量单位	费　量				年末库存
		1. 工业生产消费	#原材料	2. 非工业生产消费	合计中：车辆用油	
甲	乙	5	6	7	8	9
原煤	吨	956546	500088	96793		40472
型煤	吨	10		29		1
焦煤	吨	1262622		2		3738
焦炉煤气	万立方米	116		1		
原油	吨	1870636	1870612			34921
汽油	吨	1803	51	1435	1880	5000
煤油	吨	364	64	117	60	19
柴油	吨	25238	805	2352	9710	4234
燃料油	吨	45397	50	3133		3127
液化石油气	吨	953	133	157		571
炼厂干气	吨	30417				
其他石油制品	吨					2223
热力	百万千焦	4667977		26316		
电力	万千瓦时	173864	3915	1399		
其他燃料	吨标准煤	30177	30177			
能源合计	吨标准煤	5628897	3077204	86171	17007	103650
工业取水总量	立方米					
1. 地下水及地表水	立方米					
2. 自来水	立方米					
3. 其他水	立方米					
重复用水量	立方米					

主要统计指标解释

工业增加值 是指工业企业在报告期内以货币表现的工业生产活动的最终成果。

固定资产原价 固定资产原值指企业在建造;购置于安装;改建、扩建、技术改造某项固定资产时所支出的全部货币总额。它一般包括买价、包装费、运杂费和安装费等。

固定资产净值 是指固定资产原价减去历年已提折旧额后的净额。

流动资产 流动资产是指可以在一年或者超过一年的一个营业周期内变现或者耗用的资产,包括现金及各种存款、短期投资、应收及预付货款、存货等。

利税总额 指企业利润总额、产品销售税金及附加和应交增值税之和。

产品销售收入 指企业销售产品的销售收入和提供劳务等主要经营业务取得的业务总额。

产品销售成本 指企业销售产品和提供劳务等主要经营业务的实际成本。

产品销售税金及附加 指企业销售产品和提供工业性劳务等主要经营业务应负担的城市维护建设税、消费税、资源税和教育费附加。

产品销售利润 指企业销售产品和提供工业性劳务等主要经营业务收入扣除其成本、费用、税金后的利润。

应交增值税 指企业在报告期内应交纳的增值税额。

资本金 指企业在工商行政管理部门登记的注册资金合计。企业资本金按投资主体可分为国家资本金、法人资本金、个人资本金和外商资本金等。资本金合计包括企业各种投资主体注册的全部资本金。

总资产 指企业拥有或控制的全部资产。包括流动资产、长期投资、固定资产、无形及递延资产、其他长期资产、递延税项等,即为企业资产负债表的资产总计项。

(1)流动资产指企业可以在一年内或者超过一年的一个生产周期内变现或耗用的资产合计。包括现金及各种存款、短期投资、应收及预付款项、存货等。

(2)固定资产指企业固定资产净值、固定资产清理、在建工程、待处理固定资产损失所占用的资金合计。

(3)无形资产指企业长期使用而没有实物形态的资产。包括专利权、非专利技术、商标权、著作权、土地使用权、商誉等。

总负债 指企业承担并需要偿还的全部债务。包括流动负债和长期负债、递延税项等,即为企业资产负债表的负债合计项。

(1)流动负债指企业在一年内或者超过一年的一个营业周期内需要偿还的债务合计,其中包括短期借款、应付及预收款项、应付工资、应交税金和应交利润等。

(2)长期负债指企业在一年以上或者超过一年的一个生产周期以上需要偿还的债务合计,其中包括长期借款、应付债务、长期应付款项等。

所有者权益 指企业投资人对企业净资产的所有权。企业净资产等于企业全部资产减去全部负债后的余额,其中包括投资者对企业的最初投人,以及资本公积金、盈余丛积金和末分配利润,对股份制企业即为股东权益。

工业经济效益综合指数 是综合衡量工业经济效益各方面在数量上总体水平的一种特殊相对数,是反映工业经济运行质量的指标。工业经济效益综合指数根据反映经济效益各个侧面的若干单项指标经过综合计算得到,它是以各项工业经济效益指标实际数值分别除以该项指标的全国标准值并乘以各自的权数,加总后除以总权数求得。

四、批发零售贸易业及餐饮、住宿业

WHOLESALE, RETAIL ,CATERING
TRADES AND GASTHAUS

4-1 社会消费品零售总额

计量单位:万元

项　　目	2003 年	2002 年	2003 年为 2002 年(%)
总　　计	383031	328222	116.7
一、按行业分组			
批发零售贸易业	331085	287858	115.0
限额以上	205401	172936	118.8
限额以下及个体户	125684	114922	109.4
餐饮业	33646	30020	112.1
其他	18300	10344	176.9
二、按经济类型分组			
国有经济	3786	10638	35.6
股份制经济	143265	98833	145.0
其中:国有控股	84209	90586	93.0
私营经济	66160	48209	137.2
个体经济	103442	91708	112.8
外商投资及港澳台投资经济	3155	260	
其他经济	63223	78574	80.5
三、按用途分组			
吃	123277	113733	108.4
穿	108254	86286	125.5
用	151500	128203	118.2

4-2 历年社会消费品零售总额

计量单位:万元

年　份	总　计	按行业分组					国有及国有控股经济
		批发零售贸易业	限额以上	限额以下及个体户	餐饮业	其　他	
1994	129078	118237	75175	36062	9103	1738	33390
1995	134757	123251	83294	39957	9327	2179	35827
1996	179900	168095	116611	54484	9923	1882	69933
1997	203647	188889	128272	60617	12122	2636	86254
1998	215458	193045	131094	61951	13470	8943	94107
1999	223861	199416	135420	63996	14160	10285	97213
2000	252515	223745	141649	82096	19414	10923	107032
2001	280292	244777	142334	102443	22287	13228	103393
2002	328222	287858	172936	114922	30020	10344	101224
2003	383031	331085	205401	125684	33646	18300	87995

4-2 续　历年社会消费品零售总额

计量单位:万元

年　　份	按经济类型分组			按用途分组		
	私营经济	个体经济	其他经济	吃	穿	用
1994	4167	33101	58420	38243	28107	62728
1995	5474	34902	58554	39926	29344	65487
1996	5031	44012	60924	53301	39174	87425
1997	11029	45247	61117	60337	44345	98965
1998	11580	47509	62262	65205	50009	100244
1999	11962	49077	65609	68709	52920	102232
2000	21615	65125	58743	82852	66269	103394
2001	34909	68902	73088	105775	70237	104280
2002	48209	91708	87081	113733	86286	128203
2003	66160	103442	125434	123277	108254	151500

4-3 限额以上批发零售贸易业商品购进、销售、库存总额

计量单位：万元

	法人企业（个）	产业活动单位（个）	从业人数（个）	购进总额	进口	销售总额
总　计	**26**	**30**	**5500**	**1418578.9**	**82.1**	**1412552.0**
一、批发业	**16**	**20**	**1085**	**1255363.9**	**82.1**	**1208186.7**
＃国有及国有控股	3	3	545	17212.8		27513.6
1.按登记注册类型分组						
内资企业	16	20	1085	1255363.9	82.1	1208186.7
国有企业		2	60	1102998.2	82.1	1044236.3
集体企业	2	2	192	5437.4		5903.8
有限责任公司	3	3	126	27985.7		28250.7
国有独资企业	1	1	108	2650.5		3187.7
其他有限责任公司	2	2	18	25335.2		25063.0
股份有限公司	2	3	446	16526.9		26012.1
私营企业	9	10	261	102415.7		103783.8
私营独资企业		1	5	7463.6		7512.5
私营有限责任公司	9	9	256	94952.1		96271.3
2.按国民经济行业分组						
食品、饮料及烟草制品批发业		1	37	12284.2	82.1	14621.1
烟草制品批发业		1	37	12284.2	82.1	14621.1
医药及医疗器材批发业	1	1	358	7240.4		16553.5
矿产品、建材及化工产品批发业	6	7	295	35056.2		36913.8
煤炭及制品批发业	1	1	13	1675.3		2093.3
石油及制品批发业	2	2	58	12303.7		12762.3
金属及金属矿批发业	2	3	196	11937.0		12646.3
机械设备、五金交电及电子产品批发业	8	10	249	1197888.3		1136943.8
汽车、摩托车及零配件批发业	8	10	249	1197888.3		1136943.8
其他批发业	1	1	146	2894.8		3154.5
二、零售业	10	10	4415	163215.0		204365.3
＃国有及国有控股	5	5	3099	89735.8		115024.4
1.按登记注册类型分组						
内资企业	9	9	4085	156603.3		197496.7
集体企业	1	1	70	892.3		668.1
有限责任公司	1	1	74	508.8		635.4
其他有限责任公司	1	1	74	508.8		635.4
股份有限公司	5	5	3862	140840.4		182483.5
私营企业	2	2	79	14361.8		13709.7
私营有限责任公司	2	2	79	14361.8		13709.7
外商投资企业	1	1	330	6611.7		6868.6
外商投资股份有限公司	1	1	330	6611.7		6868.6
2.按国民经济行业分组						
综合零售业	5	5	4092	146888.8		188726.8
百货零售业	5	5	4092	146888.8		188726.8
食品、饮料及烟草制品专门零售业	1	1	74	508.8		635.4
汽车、摩托车、燃料及零件零售业	3	3	149	15254.1		14377.8
汽车零售业	2	2	79	14361.8		13709.7
五金、家具及室内装修材料零售业	1	1	100	563.3		625.3

4-3 续 限额以上批发零售贸易业商品购进、销售、库存总额

计量单位:万元

	批　发	零　售	年末库存总额	从地区外购进	对地区外销售
总　计	**1188353.3**	**224198.7**	**165747.0**	**28014.7**	**11936.1**
一、批发业	**1173036.0**	**35150.7**	**150823.3**	**20776.1**	**10860.9**
#国有及国有控股	14066.4	13447.2	1737.5	9802.8	1170.0
1.按登记注册类型分组					
内资企业	1173036.0	35150.7	150823.3	20776.1	10860.9
国有企业	1044236.3		144895.0		
集体企业	5628.9	274.9	56.2		
有限责任公司	25439.6	2811.1	946.4		
国有独资企业	3187.7				
其他有限责任公司	22251.9	2811.1	946.4		
股份有限公司	12564.9	13447.2	2036.1	11767.4	1170.0
私营企业	85166.3	18617.5	2889.6	9008.7	9690.9
私营独资企业	7512.5				
私营有限责任公司	77653.8	18617.5	2889.6	9008.7	9690.9
2.按国民经济行业分组					
食品、饮料及烟草制品批发业	14621.1		244.5		
烟草制品批发业	14621.1		244.5		
医药及医疗器材批发业	3106.3	13447.2	1288.1	6370.0	
矿产品、建材及化工产品批发业	36638.9	274.9	1702.0	5397.4	1170.0
煤炭及制品批发业	2093.3		566.4		
石油及制品批发业	12487.4	274.9	110.0		
金属及金属矿批发业	12646.3		748.0	5397.4	1170.0
机械设备、五金交电及电子产品批发业	1115515.2	21428.6	147588.7	9008.7	9690.9
汽车、摩托车及零配件批发业	1115515.2	21428.6	147588.7	9008.7	9690.9
其他批发业	3154.5				
二、零售业	**15317.3**	**189048.0**	**14923.7**	**7238.6**	**1075.2**
#国有及国有控股	13786.8	101237.6	7578.3	5598.8	
1.按登记注册类型分组					
内资企业	15317.3	182179.4	14353.7	7238.6	1075.2
集体企业		668.1	224.2		
有限责任公司		635.4	52.0		
其他有限责任公司		635.4	52.0		
股份有限公司	13786.8	168696.7	13119.4	6248.8	310.0
私营企业	1530.5	12179.2	958.1	989.8	765.2
私营有限责任公司	1530.5	12179.2	958.1	989.8	765.2
外商投资企业		6868.6	570.0		
外商投资股份有限公司		6868.6	570.0		
2.按国民经济行业分组					
综合零售业	13786.8	174940.0	13340.3	6248.8	310.0
百货零售业	13786.8	174940.0	13340.3	6248.8	310.0
食品、饮料及烟草制品专门零售业		635.4	52.0		
汽车、摩托车、燃料及零件零售业	1530.5	12847.3	1182.3	989.8	765.2
汽车零售业	1530.5	12179.2	958.1	989.8	765.2
五金、家具及室内装修材料零售业		625.3	349.1		

4-4 批发零售贸易业商品销售额前十位企业

名　次	单位名称	2003年商品销售额(万元)
1	一汽贸易总公司青岛分公司	1029615
2	青岛维客集团股份有限公司	55154
3	青岛北方国贸大厦股份有限公司	45993
4	青岛利客来商贸股份有限公司	28970
5	青岛世达机械有限公司	21105
6	青岛吉运汽车销售服务有限公司	19589
7	青岛福日汽车销售有限公司	18618
8	青岛国风集团天合药业股份有限公司	16554
9	青岛国美李村分店	15851
10	山东青岛烟草有限公司李村分公司	14621

4-5 限额以上批发零售贸易企业财务状况(1)

计量单位:万元

	企业数(个)	亏损企业数(个)	年末资			
			流动资产小计	存货	长期投资	固定资产小计
总计	**26**	**11**	**136297.3**	**24871.9**	**16681.6**	**66264.9**
一、批发企业	**16**	**8**	**73419.4**	**6655.5**	**5753.7**	**6633.4**
#国有及国有控股	3	2	17747.4	2391.3	5453.7	3420.4
(一)按登记注册类型分组						
内资企业	16	8	73419.4	6655.5	5753.7	6633.4
集体企业	2		917.0	48.0		245.9
有限责任公司	3	2	6725.1	816.3	4525.7	2082.8
国有独资企业	1	1	4052.3	7.4	4525.7	1978.9
其他有限责任公司	2	1	2672.8	808.9		103.9
股份有限公司	2	1	13695.1	2383.9	928.0	1441.5
私营企业	9	5	52082.2	3407.3	300.0	2863.2
私营有限责任公司	9	5	52082.2	3407.3	300.0	2863.2
(二)按国民经济行业分组						
医药及医疗器材批发业	1		5688.3	1508.8	28.0	944.3
矿产品、建材及化工产品批发业	6	4	18118.9	2429.8	5425.7	3000.4
煤炭及制品批发业	1	1	3459.1	1261.4		89.2
石油及制品批发业	2	1	1565.7	46.7		346.4
金属及金属矿批发业	2	2	12059.1	882.5	5425.7	2476.1
机械设备、五金及电子产品批发业	8	4	49050.3	2716.9	300.0	2570.9
汽车、摩托车及零配件批发业	8	4	49050.3	2716.9	300.0	2570.9
其他批发业	1		561.9			117.8
二、零售企业	**10**	**3**	**62877.9**	**18216.4**	**10927.9**	**59631.5**
#国有及国有控股	5	2	32523.0	10978.0	10555.8	31905.0
(一)按登记注册类型分组						
内资企业	9	2	62025.7	17821.3	10927.9	59101.1
集体企业	1	1	779.7	224.2		9.2
有限责任公司	1		150.4	112.7	10.0	81.2
其他有限责任公司	1		150.4	112.7	10.0	81.2
股份有限公司	5	1	48345.6	16462.8	10897.8	58855.0
私营企业	2		12750.0	1021.6	20.1	155.7
私营有限责任公司	2		12750.0	1021.6	20.1	155.7
外商投资企业	1	1	852.2	395.1		530.4
外商投资股份有限公司	1	1	852.2	395.1		530.4
(二)按国民经济行业分组						
综合零售业	5	2	46721.0	16857.9	10897.8	58991.9
百货零售业	5	2	46721.0	16857.9	10897.8	58991.9
食品、饮料及烟草制品专门零售业	1		150.4	112.7	10.0	81.2
汽车、摩托车、燃料零配件零售业	3	1	13529.7	1245.8	20.1	164.9
汽车零售业	2		12750.0	1021.6	20.1	155.7
五金、家具及室内装修材料零售业	1		2476.8			393.5
(三)按业态分组						
百货商店	3		45263.1	16189.5	10877.8	58196.4
超级市场	3	2	1608.3	781.1	30.0	876.7
专业(专卖)商店	2		14714.9	977.9	20.1	532.9
其他	2	1	1291.6	267.9		25.5

4-5续1 限额以上批发零售贸易企业财务状况(1)

计量单位:万元

	产	负	债		年末资产	
	固定资产原价	累计折旧	本年折旧	资产合计	负债合计	所有者权益合计
总 计	**69415.4**	**11927.3**	**2664.6**	**226261.2**	**183392.1**	**42869.1**
一、批发企业	**9787.9**	**3559.5**	**676.1**	**87181.3**	**72371.6**	**14809.7**
#国有及国有控股	5018.8	1941.5	101.5	27460.0	19272.0	8188.0
(一)按登记注册类型分组						
内资企业	9787.9	3559.5	676.1	87181.3	72371.6	14809.7
集体企业	680.2	434.4	73.1	1163.0	317.1	845.9
有限责任公司	3071.3	1286.7	80.9	13558.5	9342.8	4215.7
国有独资企业	2913.6	1232.9	55.5	10662.4	6876.2	3786.2
其他有限责任公司	157.7	53.8	25.4	2896.1	2466.6	429.5
股份有限公司	2105.2	708.6	46.0	16797.6	12395.8	4401.8
私营企业	3931.2	1129.8	476.1	55662.2	50315.9	5346.3
私营有限责任公司	3931.2	1129.8	476.1	55662.2	50315.9	5346.3
(二)按国民经济行业分组						
医药及医疗器材批发业	1290.1	390.7	42.9	7335.1	5580.7	1754.4
矿产品、建材及化工产品批发业	4456.3	1815.9	140.7	26920.4	19666.0	7254.4
煤炭及制品批发业	77.7	50.3	11.1	3659.6	3310.2	349.4
石油及制品批发业	518.3	171.9	55.4	1912.1	1581.7	330.4
金属及金属矿批发业	3728.7	1550.8	58.6	20124.9	13691.3	6433.6
机械设备、五金及电子产品批发业	3619.6	1048.7	442.6	52246.0	47011.2	5234.8
汽车、摩托车及零配件批发业	3619.6	1048.7	442.6	52246.0	47011.2	5234.8
其他批发业	421.9	304.2	49.9	679.8	113.7	566.1
二、零售企业	59627.5	8367.8	1988.5	139079.9	111020.5	28059.4
#国有及国有控股	35220.3	5463.3	700.6	79145.9	61640.0	17505.9
(一)按登记注册类型分组						
内资企业	58820.2	8090.9	1833.2	137367.0	107247.5	30119.5
集体企业	36.7	27.5	9.5	788.9	718.9	70.0
有限责任公司	160.7	79.5	10.2	520.5	532.3	-11.8
其他有限责任公司	160.7	79.5	10.2	520.5	532.3	-11.8
股份有限公司	58453.9	7970.7	1801.7	123109.0	94301.4	28807.6
私营企业	168.9	13.2	11.8	12948.6	11694.9	1253.7
私营有限责任公司	168.9	13.2	11.8	12948.6	11694.9	1253.7
外商投资企业	807.3	276.9	155.3	1712.9	3773.0	-2060.1
外商投资股份有限公司	807.3	276.9	155.3	1712.9	3773.0	-2060.1
(二)按国民经济行业分组						
综合零售业	58851.4	8231.3	1940.7	121951.6	95295.5	26656.1
百货零售业	58851.4	8231.3	1940.7	121951.6	95295.5	26656.1
食品、饮料及烟草制品专门零售业	160.7	79.5	10.2	520.5	532.3	-11.8
汽车、摩托车、燃料零配件零售业	205.6	40.7	21.3	13737.5	12413.8	1323.7
汽车零售业	168.9	13.2	11.8	12948.6	11694.9	1253.7
五金、家具及室内装修材料零售业	409.8	16.3	16.3	2870.3	2778.9	91.4
(三)按业态分组						
百货商店	57640.1	7815.5	1712.2	119246.9	90530.7	28716.2
超级市场	1372.0	495.3	238.7	3225.2	5297.1	-2071.9
专业(专卖)商店	558.6	25.7	25.7	15290.7	14045.7	1245.0
其他	56.8	31.3	11.9	1317.1	1147.0	170.1

4-5 续2　限额以上批发零售贸易企业财务状况(2)

计量单位:万元

	产负债		损益及分配			
	实收资本	国家资本	商品销售收入净额	商品销售成本	经营费用	商品销售税金及附加
总　计	**22387.6**	**6913.3**	**289780.2**	**272288.8**	**7783.8**	**553.4**
一、批发企业	**12530.7**	**6813.3**	**133369.7**	**128759.6**	**2146.1**	**62.4**
#国有及国有控股	6813.3	6813.3	23673.7	22577.5	531.3	26.0
(一)按登记注册类型分组						
内资企业	12530.7	6813.3	133369.7	128759.6	2146.1	62.4
集体企业	739.4		5504.3	5070.6	30.8	2.2
有限责任公司	4258.3	3830.3	24146.1	23780.8	337.0	3.8
国有独资企业	3830.3	3830.3	2724.5	2562.0	164.2	2.9
其他有限责任公司	428.0		21421.6	21218.8	172.8	0.9
股份有限公司	2983.0	2983.0	20949.2	20015.5	367.1	23.1
私营企业	4550.0		82770.1	79892.7	1411.2	33.3
私营有限责任公司	4550.0		82770.1	79892.7	1411.2	33.3
(二)按国民经济行业分组						
医药及医疗器材批发业	1096.0	1096.0	14306.1	13730.0	237.3	10.6
矿产品、建材及化工产品批发业	6481.2	5717.3	30034.2	28309.8	1034.0	25.2
煤炭及制品批发业	300.0		1714.4	1175.1	436.8	1.6
石油及制品批发业	363.9		10907.9	10629.7	33.9	5.1
金属及金属矿批发业	5717.3	5717.3	9367.6	8847.5	294.0	15.4
机械设备、五金及电子产品批发业	4478.0		85874.9	83825.0	874.8	26.6
汽车、摩托车及零配件批发业	4478.0		85874.9	83825.0	874.8	26.6
其他批发业	475.5		3154.5	2894.8		
二、零售企业	**9856.9**	**100.0**	**156410.5**	**143529.2**	**5637.7**	**491.0**
#国有及国有控股	2472.6	100.0	98538.8	92340.3	4217.7	294.2
(一)按登记注册类型分组						
内资企业	9706.9	100.0	150815.6	138545.3	5595.3	490.3
集体企业	52.0		583.9	485.5	46.5	5.9
有限责任公司	50.0		556.3	469.2	22.6	0.8
其他有限责任公司	50.0		556.3	469.2	22.6	0.8
股份有限公司	8494.9	100.0	138335.0	126767.4	5422.4	481.7
私营企业	1110.0		11340.4	10823.2	103.8	1.9
私营有限责任公司	1110.0		11340.4	10823.2	103.8	1.9
外商投资企业	150.0		5594.9	4983.9	42.4	0.7
外商投资股份有限公司	150.0		5594.9	4983.9	42.4	0.7
(二)按国民经济行业分组						
综合零售业	8544.9	100.0	143389.2	131272.6	5464.8	478.8
百货零售业	8544.9	100.0	143389.2	131272.6	5464.8	478.8
食品、饮料及烟草制品专门零售业	50.0		556.3	469.2	22.6	0.8
汽车、摩托车、燃料零配件零售业	1162.0		11924.3	11308.7	150.3	7.8
汽车零售业	1110.0		11340.4	10823.2	103.8	1.9
五金、家具及室内装修材料零售业	100.0		540.7	478.7		3.6
(三)按业态分组						
百货商店	8294.9		133956.5	123444.9	4828.0	473.3
超级市场	300.0	100.0	9989.0	8296.9	659.4	6.3
专业(专卖)商店	1110.0		10555.8	10001.3	82.6	4.3
其他	152.0		1909.2	1786.1	67.7	7.1

4-5续3　限额以上批发零售贸易企业财务状况(3)

计量单位:万元

	损益及					
	商品销售利润	代购代销收入	主营业务利润	其他业务利润	管理费用	税金
总　计	**9154.2**	**17.4**	**9171.6**	**4801.6**	**12924.1**	**492.7**
一、批发企业	**2401.6**	**17.4**	**2419.0**	**503.9**	**2723.9**	**37.7**
♯国有及国有控股	538.9		538.9	395.7	909.4	5.6
(一)按登记注册类型分组						
内资企业	2401.6	17.4	2419.0	503.9	2723.9	37.7
集体企业	400.7		400.7	0.3	344.2	1.2
有限责任公司	24.5		24.5	357.9	637.8	7.1
国有独资企业	-4.6		-4.6	329.0	505.7	
其他有限责任公司	29.1		29.1	28.9	132.1	7.1
股份有限公司	543.5		543.5	66.7	403.7	5.6
私营企业	1432.9	17.4	1450.3	79.0	1338.2	23.8
私营有限责任公司	1432.9	17.4	1450.3	79.0	1338.2	23.8
(二)按国民经济行业分组						
医药及医疗器材批发业	328.2		328.2	23.1	272.1	5.6
矿产品、建材及化工产品批发业	665.2		665.2	372.9	1095.8	14.2
煤炭及制品批发业	100.9		100.9		103.7	1.2
石油及制品批发业	239.2		239.2	0.3	253.5	11.8
金属及金属矿批发业	210.7		210.7	372.6	637.3	
机械设备、五金及电子产品批发业	1148.5	17.4	1165.9	107.9	1116.2	17.3
汽车、摩托车及零配件批发业	1148.5	17.4	1165.9	107.9	1116.2	17.3
其他批发业	259.7		259.7		239.8	0.6
二、零售企业	**6752.6**		**6752.6**	**4297.7**	**10200.2**	**455.0**
♯国有及国有控股	1686.6		1686.6	3726.8	5591.5	291.2
(一)按登记注册类型分组						
内资企业	6184.7		6184.7	3845.6	10079.5	375.6
集体企业	46.0		46.0		49.1	
有限责任公司	63.7		63.7		89.3	0.2
其他有限责任公司	63.7		63.7		89.3	0.2
股份有限公司	5663.5		5663.5	3845.3	9726.8	372.4
私营企业	411.5		411.5	0.3	214.3	3.0
私营有限责任公司	411.5		411.5	0.3	214.3	3.0
外商投资企业	567.9		567.9	452.1	120.7	79.4
外商投资股份有限公司	567.9		567.9	452.1	120.7	79.4
(二)按国民经济行业分组						
综合零售业	6173.0		6173.0	4162.3	9846.8	451.8
百货零售业	6173.0		6173.0	4162.3	9846.8	451.8
食品、饮料及烟草制品专门零售业	63.7		63.7		89.3	0.2
汽车、摩托车、燃料零配件零售业	457.5		457.5	0.3	263.4	3.0
汽车零售业	411.5		411.5	0.3	214.3	3.0
五金、家具及室内装修材料零售业	58.4		58.4	135.1	0.7	
(三)按业态分组						
百货商店	5210.3		5210.3	3698.2	9666.1	367.8
超级市场	1026.4		1026.4	464.1	270.0	84.2
专业(专卖)商店	467.6		467.6	134.8	202.9	3.0
其他	48.3		48.3	0.6	61.2	

4-5 续4　限额以上批发零售贸易企业财务状况(3)

计量单位:万元

	分配				损益及	
	财产保险	劳动待业除	财务费用	利息支出	营业利润	补贴收入
总　　计	**34.1**	**887.5**	**3221.0**	**2942.2**	**-303.8**	**1.7**
一、批发企业	**26.1**	**261.1**	**677.6**	**315.3**	**-145.6**	
#国有及国有控股	10.0	90.8	546.8	322.5	-521.6	
(一)按登记注册类型分组						
内资企业	26.1	261.1	677.6	315.3	-145.6	
集体企业	1.6	4.3			389.8	
有限责任公司		38.8	158.7		-414.1	
国有独资企业		35.6	223.9		-405.2	
其他有限责任公司		3.2	-65.2		-8.9	
股份有限公司	10.0	55.2	322.9	322.5	-116.4	
私营企业	14.5	162.8	196.0	-7.2	-4.9	
私营有限责任公司	14.5	162.8	196.0	-7.2	-4.9	
(二)按国民经济行业分组						
医药及医疗器材批发业	10.0	33.8	70.3	70.3	8.9	
矿产品、建材及化工产品批发业	2.4	74.0	497.0	282.5	-221.7	
煤炭及制品批发业		4.3	24.3	23.1	-27.1	
石油及制品批发业	2.4	4.8	8.0	7.2	311.0	
金属及金属矿批发业		57.0	476.5	252.2	-530.5	
机械设备、五金及电子产品批发业	13.7	153.3	110.3	-37.5	47.3	
汽车、摩托车及零配件批发业	13.7	153.3	110.3	-37.5	47.3	
其他批发业					19.9	
二、零售企业	**8.0**	**626.4**	**2543.4**	**2626.9**	**-158.2**	**1.7**
#国有及国有控股	5.8	50.5	1373.6	1312.9	-15.9	1.7
(一)按登记注册类型分组						
内资企业	5.2	624.7	2439.1	2522.1	526.6	-4.7
集体企业			0.1		-3.0	
有限责任公司	0.9	47.0	4.1	4.1	-29.7	
其他有限责任公司	0.9	47.0	4.1	4.1	-29.7	
股份有限公司	2.1	575.1	2422.7	2489.3	375.0	-4.7
私营企业	2.2	2.6	12.4	28.7	184.3	
私营有限责任公司	2.2	2.6	12.4	28.7	184.3	
外商投资企业	2.8	1.7	104.3	104.8	-684.8	6.4
外商投资股份有限公司	2.8	1.7	104.3	104.8	-684.8	6.4
(二)按国民经济行业分组						
综合零售业	4.9	576.8	2526.0	2594.1	-501.6	1.7
百货零售业	4.9	576.8	2526.0	2594.1	-501.6	1.7
食品、饮料及烟草制品专门零售业	0.9	47.0	4.1	4.1	-29.7	
汽车、摩托车、燃料零配件零售业	2.2	2.6	12.3	28.7	181.3	
汽车零售业	2.2	2.6	12.4	28.7	184.3	
五金、家具及室内装修材料零售业			1.0		191.8	
(三)按业态分组						
百货商店		573.3	2406.8	2473.7	232.0	
超级市场	5.8	50.5	123.3	124.5	-763.3	1.7
专业(专卖)商店	2.2	2.6	23.5	27.8	376.1	
其他			-10.2	0.9	-3.0	

4-5续5　限额以上批发零售贸易企业财务状况(4)

计量单位:万元

	分配	工资福利及增加值				
	利润总额	本年应付工资总额	本年应付福利费总额	本年应交增值税	本年进项税额	本年销项税额
总计	**－211.4**	**3588.3**	**433.0**	**2985.2**	**42569.6**	**43415.3**
一、批发企业	**－803.6**	**874.6**	**99.9**	**581.4**	**21328.0**	**21823.0**
＃国有及国有控股	－840.2	422.0	47.7	218.6	3427.6	3642.0
(一)按登记注册类型分组						
内资企业	－803.6	874.6	99.9	581.4	21328.0	21823.0
集体企业	56.5	185.2	25.9	22.1	399.5	377.4
有限责任公司	－539.5	159.0	15.2	9.3	3693.4	3698.6
国有独资企业	－530.6	140.6	12.6		61.2	57.1
其他有限责任公司	－8.9	18.4	2.6	9.3	3632.2	3641.5
股份有限公司	－309.6	281.4	35.1	218.6	3366.4	3584.9
私营企业	－11.0	249.0	23.7	331.4	13868.7	14162.1
私营有限责任公司	－11.0	249.0	23.7	331.4	13868.7	14162.1
(二)按国民经济行业分组						
医药及医疗器材批发业	10.0	203.7	27.2	95.2	2330.3	2425.4
矿产品、建材及化工产品批发业	－876.6	305.0	32.5	218.4	4625.2	4795.3
煤炭及制品批发业	－27.7	12.6	1.7	10.2	368.7	378.9
石油及制品批发业	－21.2	59.6	8.3	51.3	1825.2	1832.3
金属及金属矿批发业	－850.2	218.3	20.5	123.4	1097.3	1216.6
机械设备、五金及电子产品批发业	43.3	225.8	20.6	267.8	14372.5	14602.3
汽车、摩托车及零配件批发业	43.3	225.8	20.6	267.8	14372.5	14602.3
其他批发业	19.7	140.1	19.6			
二、零售企业	**592.2**	**2713.7**	**333.1**	**2403.8**	**21241.6**	**21592.3**
＃国有及国有控股	77.5	1588.8	184.6	1407.3	12312.9	13705.1
(一)按登记注册类型分组						
内资企业	1263.5	2645.0	324.2	2403.8	20335.5	20681.5
集体企业	－4.8	74.1	10.0		90.0	84.2
有限责任公司		6.8	0.9	8.2	70.8	79.0
其他有限责任公司		6.8	0.9	8.2	70.8	79.0
股份有限公司	1082.5	2523.3	310.0	2388.3	17959.2	18349.3
私营企业	185.8	40.8	3.3	7.3	2215.5	2169.0
私营有限责任公司	185.8	40.8	3.3	7.3	2215.5	2169.0
外商投资企业	－671.3	68.7	8.9		906.1	910.8
外商投资股份有限公司	－671.3	68.7	8.9		906.1	910.8
(二)按国民经济行业分组						
综合零售业	219.9	2554.0	317.2	2365.5	18780.7	19152.7
百货零售业	219.9	2554.0	317.2	2365.5	18780.7	19152.7
食品、饮料及烟草制品专门零售业		6.8	0.9	8.2	70.8	79.0
汽车、摩托车、燃料零配件零售业	181.0	114.9	13.3	7.3	2305.5	2253.2
汽车零售业	185.8	40.8	3.3	7.3	2215.5	2169.0
五金、家具及室内装修材料零售业	191.3	38.0	1.7	22.8	84.6	107.4
(三)按业态分组						
百货商店	935.5	2348.6	274.7	2320.8	17282.0	17621.2
超级市场	－715.6	212.2	43.4	52.9	1569.5	1610.5
专业(专卖)商店	376.2	72.5	4.1	26.9	2298.4	2271.5
其他	－3.9	80.4	10.9	3.2	91.7	89.1

4-6 限额以上连锁店(公司)商品销售情况

计量单位:万元

	连锁总店数(个)	连锁门店数(个)	直营店	营业面积(平方米)	从业人数(人)	销售总额(营业总收入)	零售额
总　计	**3**	**31**	**31**	**125856**	**1991**	**103611.0**	**81451.7**
一、零售业	**2**	**26**	**26**	**123856**	**1909**	**102992.0**	**80832.7**
按零售业态分							
百货商店	1	14	14	120070	1785	102356.7	80197.4
专业店	1	12	12	3786	124	635.3	635.3
二、餐饮业	**1**	**5**	**5**	**2000**	**82**	**619.0**	**619.0**
按行业分							
正餐	1	5	5	2000	82	619.0	619.0

4-7 限额以上餐饮企业财务状况(1)

计量单位:万元

	企业数(个)	亏损企业数(个)	年末资产				
			流动资产小计	存货	固定资产小计	固定资产原价	累计折旧
总　计	**6**	**3**	**1581.3**	**251.0**	**1769.1**	**1608.6**	**423.5**
#国有及国有控股	1		387.4	46.6	132.2	257.9	151.7
一、按登记注册类型分组							
内资企业	6	3	1581.3	251.0	1769.1	1608.6	423.5
集体企业	1	1	237.1	98.5	689.9	783.1	104.2
有限责任公司	2		481.0	52.3	205.6	363.2	183.6
其他有限责任公司	2		481.0	52.3	205.6	363.2	183.6
私营企业	3	2	863.2	100.2	873.6	462.3	135.7
私营独资企业	1		82.1	5.2	65.7	95.8	30.1
私营有限责任公司	2	2	781.1	95.0	807.9	366.5	105.6
二、按国民经济行业分组							
正餐服务业	6	3	1581.3	251.0	1769.1	1608.6	423.5

4-7 续1 限额以上餐饮企业财务状况(1)

计量单位:万元

	负债	年末资产负债					
	本年折旧	资产合计	负债合计	所有者权益合计	实收资本	国家资本	营业收入
总计	**152.9**	**3892.3**	**3445.9**	**446.4**	**360.0**	**25.0**	**3674.7**
#国有及国有控股	22.7	568.4	417.2	151.2	120.0	25.0	619.0
一、按登记注册类型分组							
内资企业	152.9	3892.3	3445.9	446.4	360.0	25.0	3674.7
集体企业	41.2	1039.6	910.4	129.2	50.0		604.2
有限责任公司	26.0	735.4	490.2	245.2	150.0	25.0	819.8
其他有限责任公司	26.0	735.4	490.2	245.2	150.0	25.0	819.8
私营企业	85.7	2117.3	2045.3	72.0	160.0		2250.7
私营独资企业	3.0	151.1	83.7	67.4	30.0		200.2
私营有限责任公司	82.7	1966.2	1961.6	4.6	130.0		2050.5
二、按国民经济行业分组							
正餐服务业	152.9	3892.3	3445.9	446.4	360.0	25.0	3674.7

4-7 续2 限额以上餐饮企业财务状况(2)

计量单位:万元

	损益及分配					损益及	
	营业成本	营业费用	营业税金及附加	经营利润	管理费用	税金	财产保险
总计	**2708.0**	**772.0**	**166.1**	**28.6**	**267.6**	**1.8**	**1.4**
#国有及国有控股	283.8	245.7	26.5	63.0	51.4	0.6	1.4
一、按登记注册类型分组							
内资企业	2708.0	772.0	166.1	28.6	267.6	1.8	1.4
集体企业	291.4	169.8	26.0	117.0	152.9		
有限责任公司	393.9	315.1	37.2	73.6	68.8	1.2	1.4
其他有限责任公司	393.9	315.1	37.2	73.6	68.8	1.2	1.4
私营企业	2022.7	287.1	102.9	-162.0	45.9	0.6	
私营独资企业	109.2	69.8	10.5	10.7	18.9	0.6	
私营有限责任公司	1913.5	217.3	92.4	-172.7	27.0		
二、按国民经济行业分组							
正餐服务业	2708.0	772.0	166.1	28.6	267.6	1.8	1.4

4-7续3　限额以上餐饮企业财务状况(3)

计量单位:万元

	分配					本年应付工资总额	本年应付神利费总额
	劳动待业险	财务费用	利息支出	营业利润	利润总额		
总计	**48.9**	**15.9**	**14.1**	**-254.9**	**-220.5**	**554.3**	**44.8**
#国有及国有控股	26.5	-0.3		11.9	12.4	106.3	14.9
一、按登记注册类型分组							
内资企业	48.9	15.9	14.1	-254.9	-220.5	554.3	44.8
集体企业	1.9	5.4	5.4	-41.3	-44.4	86.3	11.0
有限责任公司	36.8	-0.8		5.6	49.0	143.8	20.2
其他有限责任公司	36.8	-0.8		5.6	49.0	143.8	20.2
私营企业	10.2	11.3	8.7	-219.2	-225.1	324.2	13.6
私营独资企业	10.2	0.7		-8.9		26.6	3.5
私营有限责任公司		10.6	8.7	-210.3	-225.1	297.6	10.1
二、按国民经济行业分组							
正餐服务业	48.9	15.9	14.1	-254.9	-220.5	554.3	44.8

4-8　餐饮业销售情况

计量单位:万元

	法人企业(个)	产业活动单位(个)	从业人数(人)	营业总收入	商品零售额
总计	**47**	**1276**	**3535**	**33542.2**	**32646.1**
一、限额以上	**6**	**10**	**683**	**5426.2**	**5063.1**
1.按登记注册类型分组					
内资企业	6	9	620	4981.4	4618.3
集体企业	1	1	105	604.2	502.2
有限责任公司	2	2	124	819.8	819.8
其他有限责任公司	2	2	124	819.8	819.8
股份有限公司		1	112	880.8	619.7
私营企业	3	5	279	2676.6	2676.6
私营独资企业	1	1	32	200.2	200.2
私营有限责任公司	2	4	247	2476.4	2476.4
外商投资企业		1	63	444.8	444.8
中外合作经营企业		1	63	444.8	444.8
2.按国民经济行业分组					
正餐服务业	6	7	558	4555.5	4192.4
快餐服务业		3	125	870.7	870.7
二、限额以下	**41**	**1266**	**2852**	**28116.0**	**27583.0**

主要统计指标解释

社会消费品零售总额指国民经济各行业直接售给城乡居民和社会集团的消费品总额。它是反映各行业通过多种商品流通渠道向居民和社会集团供应的生活消费品总量,是研究国内零售市场变动情况、反映经济景气程度的重要指标。

社会消费品零售总额包括:(1)售给城乡居民作为生活用的商品和修建房屋用的建筑材料;(2)售给社会集团的各种办公用品和公用消费品;(3)售给机关、团体、学校、部队、企业、事业单位的职工食堂和旅店(招待所)附设专门供本店旅客食用,不对外营业的食堂的各种食品、燃料;企业、单位和国营农场直接售给本单位职工和职工食堂的自己生产的产品;(4)售给部队干部、战士生活用的粮食、副食品、衣着品、日用品、燃料;(5)售给来华的外国人、华侨、港澳台同胞的消费品;(6)居民自费购买的中、西药品、中药材及医疗用品;(7)报社、出版社直接售给居民和社会集团的报纸、图书、杂志,集邮公司出售的新、旧纪念邮票、特种邮票、首日封、集邮册、集邮工具等;(8)旧货寄售商店自购、自销部分的商品;(9)煤气公司、液化石油气站售给居民和社会集团的煤气灶具和罐装液化石油气;(10)农民售给非农业居民和社会集团的商品。不包括售给国民经济各部门企业、事业单位(包括国有经济的农场)生产经营用的各种原材料、燃料、设备、工具等和售给批发零售贸易业、餐饮业作为转卖用的商品,旧货寄售商店受托寄售卖出的商品,服务业的营业收入,邮局出售邮票的收入,自来水、电力、煤气生产(供应)单位的产品供应收入,也不包括农民之间的商品销售。

批发零售贸易业商品购、销、存总额指各种登记注册类型的批发、零售贸易业(不包括个体)企业(单位)以本企业(单位)为总体的商品购进、销售、库存总额。

商品购进总额 指从本企业(单位)以外的单位和个人购进(包括从境外直接进口)作为转卖或加工后转卖的商品总额。它反映批发零售贸易业从国内、国外市场上购进商品的总量。商品购进总额包括:(1)从工农业生产者购进的商品;(2)从出版社、报社的出版发行部门购进的图书、杂志和报纸;(3)从各种登记注册类型的批发零售贸易企业(单位)购进的商品;(4)从其他单位购进的商品,如从机关、团体、企业等单位购进的剩余物资,从餐饮业、服务业购进的商品,从海关、市场管理部门购进的缉私和没收的商品,从居民手中收购的废旧商品等;(6)从国(境)外直接进口的商品。不包括企业(单位)为自身经营用和未通过买卖行为而收入的商品以及销售退回、商品升溢等。

商品销售总额 指对本企业(单位)以外的单位和个人出售(包括对境外直接出口)的商品总额。它反映批发零售贸易业在国内市场上销售商品以及出口商品的总量。商品销售总额包括:(1)售给城乡居民和社会集团消费用的商品;(2)售给工业、农业、建筑业、运输邮电业、批发零售贸易业、餐饮业、服务业等作为生产、经营使用的商品;(3)售给批发零售贸易业作为转卖或加工后转卖的商品;(4)对国(境)外直接出口的商品。不包括出售本企业(单位)自用的废旧包装用品;未通过买卖行为付出的商品;经本单位介绍,由买卖双方直接结算,本单位只收取手续费的业务;购货退出的商品以及商品损耗和损失等。

五、市场及个体私营

5-1 市场分类情况

计量单位:个

项目	数量
一、消费品市场数	**25**
消费品综合市场	4
农副产品市场	15
农副产品综合市场	13
农副产品专业市场	2
工业消费品市场	6
工业消费品综合市场	1
工业消费品专业市场	5
二、生产资料市场数	**5**
工业生产资料市场	4
机动车交易市场	1
钢材交易市场	1
煤炭交易市场	1
木材交易市场	1
其他	1
三、生产资料市场成交额(亿元)	**13.87**

5-2 商品交易市场成交情况

计量单位:万元

指标名称	摊位数量(个)	总成交额(万元)
合计	**2715**	**384021**
食品、饮料、烟酒类	1289	28918
# 粮油果菜类	806	19320
服装鞋帽、针、纺织品类	337	9714
化妆品类	19	252
日用品类	99	7478
五金电料类	0	10
体育、娱乐用品类	3	36
书报杂志类	2	12
电子出版物及音像制品类	7	289
家用电器和音像器材类	2	21
中西药材类	0	0
# 中草药及中成药品类	0	0
文化办公用品类	2	15
家具类	0	0
煤炭及制品类	28	6410
木材及制品类	62	675
化工材料及制品类	0	0
金属材料类	72	283000
建筑及装潢材料类	381	25707
机电产品及设备类	3	6527
# 农机类	0	0
汽车类	3	6527
其他类	409	14957
# 旧货类	32	202

补充资料:营业面积329455平方米,摊位出租率73.9%,商品交易市场23处。

5-3　消费品市场农副产品成交量

计量单位：吨

项　　目	成交量
粮食类	7759
大米	2557
小麦	207
玉米	155
油脂油料类	4052
棉烟麻类	220
肉食禽蛋类	10374
猪肉	4310
牛肉	474
羊肉	597
鲜蛋	1660
家禽	310
水产品类	5358
蔬菜类	55404
干鲜果类	29962

5-4　消费品市场成交额

计量单位：万元

项　　目	成交额	项　　目	成交额
合　　计	**44432**	水产品类	7434
一、按市场类型分组		蔬菜类	12422
消费品综合市场	7315	干鲜果类	9041
农副产品市场	35801	工业品类	1289
工业消费品市场	1289	服装	684
其他	27	布匹	267
二、按商品类别分组		小百货	328
粮食类	1444	其他	27
大米	573		
小麦	45		
玉米	30		
油脂油料类	3612		
棉烟麻类	549		
肉食禽蛋类	8614		
猪肉	5045		
牛肉	762		
羊肉	1049		
鲜蛋	707		
家禽	268		

5-5 市场占地面积

计量单位：万平方米

市场	市场占地面积	交易方式	市场	市场占地面积	交易方式
合计	**48.38**		兴山路市场	0.60	零售
青岛建材市场	4.00	批发	峰山路市场	0.38	综合
金属材料批发市场	10.00	批发	升平路市场	0.35	零售
滨河路市场	1.60	综合	东山市场	0.45	零售
北方汽车交易市场	6.00	综合	楼山后市场	0.30	综合
山东省城市车辆北方汽车交易中心	0.03	综合	沧台路市场	0.30	零售
			永安商场	0.29	综合
刘家煤炭市场	5.10	批发	湘潭路市场	0.34	综合
华中蔬菜批发市场	5.50	批发	汾阳路市场	0.12	零售
达翁装饰装潢材料市场	4.50	零售	青岛市茶叶批发市场	0.43	批发
河北商城	1.30	零售	韩氏服饰购物商城	0.16	零售
交运配载市场	1.80	配送	大世界小商品购物商城	0.15	综合
零担货运市场	0.70	配送	文昌阁配载市场	1.00	配送
永定路市场	1.67	综合	网顺电子城	0.05	零售
振华旧货市场	1.00	零售	永平路市场	0.26	零售

5-6 个体工商业基本情况

项目	户数（户）	从业人员（人）	注册资金（万元）	总产值（万元）	销售总额（万元）	社会消费品零售额（万元）
合计	**16137**	**18003**	**15426**	**42785**	**200137**	**103442**
一、按城乡分						
城镇	13471	14776	12648	30828	149685	103442
农村	2666	3227	2778	11957	50452	
二、按行业分						
农林牧渔业	7	11	38	288	252	
制造业	956	1427	1507	38256		
建筑业	86	102	136	4241		
交通运输、仓储业	225	271	593		3982	
批发和零售贸易、餐饮业	12120	13168	10212		165028	98270
#批发零售贸易业	10766	11060	8016		158486	75767
社会服务业	2411	2686	2378		30516	1260
#理发及美容化妆业	710	747	313		7208	
日用品修理业	321	341	176		4212	
旅馆业	155	210	174		2232	
信息咨询服务业	237	249	280		528	
其他行业	332	338	562		359	3912

5-7 私营企业基本情况

项目	户数（户）	投资者人数（人）	雇工人数（人）	注册资金（万元）	总产值（万元）	销售总额（万元）	社会消费品零售额（万元）
合计	**3191**	**8577**	**24561**	**209212**	**118209**	**132459**	**66160**
农林牧渔业	13	27	172	3466	1380	1296	
制造业	1196	3150	9681	78229	106224		
建筑业	156	613	1275	16308	10605		
交通运输、仓储业	78	218	669	8121		4812	
#交通运输业	60	172	541	5848		4516	
批发零售贸易、餐饮业	1430	3579	10548	87392		116736	62852
#批发零售贸易业	1405	3508	10350	86540		96924	60051
社会服务业	250	745	1755	8734		7224	2575
#理发及美容化妆业	1	2	8	10		336	
沐浴业	4	25	24	45		324	
日用品修理业	4	6	30	40		46	
旅馆业	7	14	54	121		518	
娱乐服务业	6	15	39	178		802	
信息咨询业	99	264	686	3419		696	
计算机应用服务业	46	88	330	1111		432	
其他行业	68	245	461	6962		2391	733

5-8 历年个体工商业基本情况

年份	户数（户）	从业人员（人）	注册资金（万元）	总产值（万元）	销售总额（万元）	社会消费品零售额（万元）
1994	3202	5130	3423	615	41726	33101
1995	3464	5147	3485	659	46150	34902
1996	3959	5714	4320	780	48472	44012
1997	6699	8543	6204	939	50311	45247
1998	8309	9429	8387	2423	57850	47509
1999	8356	9499	8398	4437	60407	49077
2000	8577	10258	8582	11044	90948	65125
2001	9592	11202	8754	12440	96675	68902
2002	11843	13549	10653	40117	196426	91708
2003	16137	18003	15426	42785	200137	103442

5-9 历年私营企业基本情况

年份	户数（户）	投资者人数（人）	雇工人数（人）	注册资金（万元）	总产值（万元）	销售总额（万元）	社会消费品零售额（万元）
1994	398	795	3768	14544	991	5338	4167
1995	465	865	4458	17691	497	5843	5474
1996	829	1846	7030	37734	1614	13098	5031
1997	1098	2136	8987	51903	2641	13198	11029
1998	1299	2579	10748	60668	3629	21998	11580
1999	1571	3309	12983	71649	9448	24013	11962
2000	1849	3978	15260	91228	24135	47508	21615
2001	1888	4284	15569	111875	35311	52712	34909
2002	2301	5334	18153	146275	113368	124429	48209
2003	3191	8577	24561	209212	118209	132459	66160

六、农　　业

AGRICULTURE

6-1 农 业 增 加 值

计量单位:万元

项 目	2003 年	2003 年为 2002 年(%)
农、林、牧、渔业增加值	**504**	**105.7**
# 农业增加值	426	102.9
林业增加值	78	123.8

注:增长速度按可比价计算。

6-2 农 业 总 产 值

计量单位:万元

项 目	农林牧渔业总产值	农业产值	林业产值
按 1990 年不变价计算	979.99	822.23	157.76
按现行价计算	1690.52	1295.96	394.56

6-3 农作物播种面积及产量

项 目	播种面积(公顷)	总产量(吨)	平均单产(公斤/公顷)
农作物总播种面积	**512**	**18133**	**35416**
一、粮食作物	**20**	**120**	**6000**
玉米	10	68	6750
薯类	10	52	5250
二、油料作物	**7**	**21**	**3000**
花生	7	21	3000
三、蔬菜、瓜类	**485**	**17992**	**37097**

6-4 农村劳动力分布情况

计量单位:万人

项目	合计	九水路街道办事处	虎山路街道办事处
合计	**1.23**	**0.89**	**0.34**
农林牧渔业	0.26	0.21	0.05
工业	0.37	0.23	0.14
建筑业	0.11	0.1	0.01
交通运输、仓储和邮电通讯业	0.09	0.08	0.01
批发零售贸易、餐饮业	0.19	0.1	0.09
其他行业	0.21	0.17	0.04

6-5 农村基本情况

项目	单位	合计	九水路街道办事处	虎山路街道办事处
一、村民委员会	**个**	**25**	**20**	**5**
二、农村总户数	**万户**	**1.07**	**0.79**	**0.28**
农村总人口	万人	2.97	2.19	0.78
农村劳动力	万人	1.56	1.23	0.33
三、企业个数	**个**	**305**	**167**	**135**
#集体企业	个	48	42	6
四、企业人数	**人**	**24520**	**21000**	**3520**
#集体企业	人	4755	4620	135
五、农村耕地面积	**公顷**	**353**	**244**	**109**
六、农作物总播种面积	**公顷**	**512**	**465.7**	**46.3**
#粮食播种面积	公顷	20	18	2
蔬菜播种面积	公顷	485	441	44
花生播种面积	公顷	7	6.7	0.3
七、果园面积	**公顷**	**105**	**61**	**44**
苹果	公顷	1	1	
梨	公顷	4	4	
葡萄	公顷			
桃	公顷	100	56	44
八、水果产量	**吨**	**1560**	**585**	**975**
苹果	吨	20	20	
梨	吨	59	59	
葡萄	吨			
桃	吨	1481	506	975

6-6 农村基层情况

项目	户数(户)	人口(人)
合计	**10706**	**29708**
一、九水路街道办事处	**7950**	**21904**
毕家上流村	798	2098
杨家上流村	225	654
北王家上流村	302	855
南王家上流村	198	535
李家上流村	390	1155
于家下河村	380	1114
王家下河村	350	951
尤家下河村	100	314
毛公地村	290	812
刘家下河村	220	661
代家村	260	798
上臧村	1100	2476
长润村	126	345
炉房村	225	726
庄子村	320	928
苏家村	453	1271
郑庄村	887	2424
侯家庄村	720	2133
佛耳崖村	468	1281
麦坡村	138	373
二、虎山路街道办事处	**2756**	**7804**
下王埠村	1156	3506
上王埠村	890	2357
东王埠村	297	798
桃园村	278	796
李家庵村	135	347

6-7 法人单位及从业人员

项目	法人单位数(个)	从业人员平均人数(人)
合计	**9**	**135**
畜牧业	2	55
农林牧渔服务业	7	80

6-8 历年农业总产值

（按现行价格）　　计量单位：万元

年　份	农林牧渔业总产值	农业产值	林业产值	牧业产值
1994	5774	2605	24	3145
1995	6875	3151	20	3704
1996	7213	2811	53	4349
1997	7707	1234	15	6458
1998	8961	1872	49	7040
1999	7729	1799	35	5895
2000	2877	646	38	2193
2001	4025	717	3	3305
2002	3100.7	852.8	293.9	1954
2003	1690.52	1295.96	394.56	—

6-9 历年农业总产值

（按 1990 年不变价）　　计量单位：万元

年　份	农林牧渔业总产值	农业产值	林业产值	牧业产值
1994	4131	2059	18	2054
1995	4444	2037	30	2377
1996	4617	1975	60	2582
1997	4749	652	20	4077
1998	5948	1162	38	4748
1999	5113	886	28	4199
2000	1931	435	28	1468
2001	2890	509	1	2380
2002	2431.2	800.3	200.4	1430.5
2003	979.99	822.23	157.76	—

6-10 历年农业增加值

计量单位:万元

年份	农林牧渔业	#农业	林业	牧业
1994	4041.8	1823.5	16.8	943.5
1995	4812.5	2205.7	14	111.2
1996	5049.1	1967.7	37.1	1304.7
1997	5394.9	863.8	10.5	1937.4
1998	6272.7	1310.4	34.3	2112
1999	5410.3	1259.3	24.5	1768.5
2000	1381	509	36	836
2001	1438	435	1	1002
2002	477	414	63	
2003	504	426	78	

6-11 历年农村劳动力分布情况

计量单位:万人

年份	合计	农林牧渔业	工业	建筑业	交通运输业	批发零售贸易、餐饮业	其他行业
1994	3.872	0.7181	1.7843	0.2892	0.1602	0.4208	0.4994
1995	3.846	0.7068	1.644	0.2995	0.158	0.3933	0.6444
1996	3.63	0.54	1.65	0.36	0.21	0.39	0.48
1997	3.57	0.55	1.57	0.25	0.29	0.41	0.5
1998	3.43	0.58	1.44	0.26	0.27	0.38	0.5
1999	3.2	0.57	1.36	0.26	0.26	0.38	0.37
2000	1.2	0.15	0.47	0.12	0.1	0.19	0.17
2001	1.2	0.15	0.47	0.1	0.12	0.19	0.17
2002	1.24	0.15	0.48	0.12	0.12	0.13	0.24
2003	1.23	0.26	0.37	0.11	0.09	0.19	0.21

6-12 历年农作物播种面积

计量单位:公顷

年　　份	农作物总播种面积	#粮食作物	油料作物	蔬菜、瓜果
1994	776	138	156	482
1995	869	113	133	623
1996	781.7	113.3	113.4	555
1997	701	102	133	466
1998	684	102	133	449
1999	640	105	108	427
2000	514	94	90	330
2001	494	84	80	330
2002	499	92	77	330
2003	512	20	7	485

6-13 历年农作物产量

计量单位:吨

年份	粮食作物	油料作物	蔬菜、瓜果
1994	674	429	26825
1995	659	392	22800
1996	663	379.6	19797
1997	88.5	20	12900
1998	588	416	15600
1999	633	255	14600
2000	538	198	8415
2001	478	175	8465
2002	538	108	8412
2003	120	21	17992

6-14 历年水果产量

计量单位:吨

年　份	水果总产量	苹　果	梨	葡　萄	桃
1994	7279			360	4740
1995	8050			241	5292
1996	8100			143	6220
1997	1400	100	100	100	1100
1998	3524	378	269	150	2727
1999	1100	59	112	60	869
2000	1100	60	60	110	870
2001	1100	60	60	100	880
2002	1017	50	47	109	811
2003	1560	20	59		1481

主要统计指标解释

农业增加值　是农业在报告期内以货币表现的农业生产活动的最终成果。农业增加值有两种计算方法;一种是生产法,即农业总产出减去农业中间投人;二是收入法,即从收人的角度出发,根据生产要素,在生产过程中,应得到的收入份额计算,具体构成项目有固定资产折旧,劳动者报酬、生产税净额、营业盈余,这种方法也称要素分配法。

粮食产量　指全社会的产量。包括国有经济经营的,集体统一经营的,和农民家庭经营的粮食产量,还包括工矿企业办的农场和其他生产单位的产量。粮食除包括稻、小麦、玉米、高粱、谷子及其他杂粮外,还包括薯类和豆类。其产量和计算方法,豆类按去豆荚后的干豆计算;薯类(包括甘薯和马铃薯,不包括芋头和木薯)。1963 年以前按 4 公斤鲜薯折 1 公斤粮食计算,从 1964 年开始及以后改为按 5 公斤鲜薯折 1 公斤粮食计算。城市郊区作为蔬菜的薯类(如:马铃薯等)按鲜品计算,并且不作为粮食统计。其他粮食一律按脱粒后的原粮计算。

油料产量　指全部油料作物的生产量。包括花生、油菜籽、芝麻、向日葵子、胡麻籽(亚麻料)和其他油料。不包括大豆,也不包括木本油料和野生油料。花生以带壳干花生计算。

耕地面积　指年初可以用来种植农作物,经常进行耕锄的田地,除包括熟地,当年新开荒地,边疆撂荒未满三年的耕地和当年的休闲地(轮歇地)外,还包括以种植农作物为主并附带种植桑树、茶树、果树和其他的土地,以及沿海、沿湖地区已围利用的“海涂”、“湖田”等面积。但不包括属于专业性的桑园、茶园、果园、果木苗圃林地、芦苇地、天然成人工草地面积。

七、建 筑 业

CONSTRUCTION INDUSTRY

7-1 建筑业基本情况

指　　标	计量单位	2003 年	2002 年	2003 年为 2002 年(%)
单位数	个	27	19	142
增加值(按当年价计算)	万元	45383	14983	302
施工产值	万元	24627	23481	104
竣工产值	万元	21480	20130	106
房屋建筑施工面积	平方米	601878	530908	113
房屋建筑竣工面积	平方米	346538	331778	104
工程结算收入	万元	26707	21995	121
工程结算成本	万元	23955	19209	124
利润总额	万元	514	407	126
本年应付工资总额	万元	2813	3112	90
职工平均人数	人	4842	5620	86

7-2　建筑业法人单位及从业人员

项　　目	法人单位(个)	从业人员(人)
总　　计	**26**	**4842**
一、按登记注册类型分		
国有企业	1	117
集体企业	8	957
股份合作企业	1	83
其他联营企业	1	120
其他有限责任公司	2	1926
股份有限公司	2	188
私营有限责任公司	11	1451
二、按国民经济行业分		
房屋工程建筑	19	4135
土木工程建筑	3	307
建筑安装业	3	361
建筑装饰业	1	39
三、按街道办事处分		
李村街道办事处	3	383
虎山路街道办事处	2	39
浮山路街道办事处	6	2491
振华路街道办事处	1	50
楼山街道办事处	3	368
湘潭路街道办事处	4	357
九水路街道办事处	2	674
兴城路办事处	3	392
永安路办事处	1	38
永清路办事处	1	50

主要统计指标解释

建筑业统计单位 指从事房屋、构筑物建造和设备安装活动的生产单位。根据不同的组织方式，建筑业统计的调查单位可分为法人建筑业企业和附营建筑施工单位。法人建筑业企业是指专门组织的独立核算的法人建筑业企业。它应同时具备的条件是：①依法成立，有自己的名称、组织机构和场所，能够承担民事责任；②独立拥有和使用资产，承担负债，有权与其他单位签订合同；③独立核算盈亏，能够编制资产负债表。附营建筑施工单位是指建筑业以外行业的企业、事业单位为完成本单位固定资产建造任务而自行组织的建筑施工单位。它应同时具备的条件是：①具有一个场所，从事或主要从事建筑安装活动；②单独组织生产经营活动；③在企业内部单独核算收支。

建筑业总产值(即自行完成施工产值) 指建筑业企业或附营建筑施工单位自行完成的按工程进度计算的建筑安装生产总值。建筑业产值包括：

①建筑工程产值：指列人建筑工程预算内的各种工程价值。

②设备安装工程产值：指设备安装工程价值。

③房屋、构筑物修理产值：指房屋、构筑物修理所完成的价值，但不包括被修理房屋、构筑物本身的价值和生产设备的修理价值。

④非标准设备制造产值：指加工制造没有定型的、非标准的生产设备的加工费和原材料价值，不论是现场还是附属加工厂为本单位承建工程制造的非标准设备的价值，都应计算产值。

建筑业增加值 指建筑业企业在报告期内以货币表现的建筑业生产经营活动的最终成果。目前建筑业增加值采用分配法计算，即从收人的角度出发，根据生产要素在生产过程中应得的收入份额计算。具体计算公式为：

建筑业增加值 = 本年提取的固定资产折旧 + 应付工资 + 应付福利费 + 管理费用中的劳动待业保险金、税金 + 工程结算税金及附加 + 工程结算利润 - 转作奖金的利润。

房屋建筑施工面积 指在报告期内施工的全部房屋建筑面积。包括本期内新开工的、上期施工跨人本期继续施工、上期停建本期复工的房屋建筑面积；不包括上期开工后又停工，本期末施工的房屋建筑面积。

房屋建筑竣工面积 指在报告期内，按照设计所规定的工程内容全部完成，达到了设计规定的交工条件，经有关部门检查验收鉴定合格的房屋建筑面积。

工程结算收入 指企业(或单位)按工程的分部分项自行完成的建筑产品价值并已与甲方在报告期内办理结算手续的工程价款收入，以及向甲方收取的除工程价款以外的按规定列作营业收人的各种款项，如临时设施费、劳动保险费、施工机械调迁费等以及向甲方收取的各种索赔款。

工程结算利润 指已结算工程实现的利润。如为亏损以“ - ”号表示。其计算公式为：

工程结算利润 = 工程结算收入 - 工程结算成本 - 工程结算税金及附加

企业总收入 指与企业生产经营直接有关的各项收入，包括工程结算收人和其他业务收入，即：

企业总收入 = 工程结算收入 + 其他业务收人

八、房地产业

REAL ESTATE

8-1 房地产开发

指　　标	计量单位	2003年	2002年	2003年为2002年(%)
一、项目单位数	**个**	**28**	**12**	**233**
二、房地产开发投资额	**万元**	**79473**	**35749**	**222**
#商品房建设投资额	万元	49840	27053	184
土地开发投资额	万元	24106	8030	300
三、土地开发面积	**平方米**	**902879**	**277636**	**325**
#本年土地开发面积	平方米	902879	277636	325
四、商品房施工面积	**平方米**	**1063324**	**537876**	**197**
#住宅	平方米	979363	482732	202
商品房新开工面积	平方米	655610	252494	259
#住宅	平方米	620978	219482	282
五、房屋建筑竣工面积	**平方米**	**413596**	**125699**	**329**
#住宅	平方米	370767	119782	309
住宅套数	套	1851	1472	125
六、房屋竣工价值	**万元**	**37117**	**12915**	**287**
#住宅	万元	33142	12361	268
七、实际销售面积	**平方米**	**306358**	**177953**	**172**
#住宅	平方米	298607	172278	173
销售给个人	平方米	298607	177953	167
八、空置面积	**平方米**	**39771**	**9448**	**420**
#住宅	平方米	18355	5626	326
商业用房	平方米	20453	3822	535
九、经营总收入合计	**万元**	**113317**	**34688**	**326**
#商品房销售收入	万元	113001	34283	329
销售给个人	万元	104718	33968	308
十、商品住宅销售收入	**万元**	**104718**	**30619**	**342**
本年交纳税费	万元	6169	1954	315
十一、本年实现利润	**万元**	**4934**	**3055**	**161**

8-2 历年房地产企业情况

年份	房地产开发投资额	土地开发面积	施工面积	销售面积	销售额	利 润	实交税金	年末人数
1994	2811	78220	50240	16232	2018	186	95	468
1995	3883	32100	57631	22377	2617	240	109	485
1996	9823	85392	175413	37787	4171	－65	315	477
1997	15468	94906	260765	100444	11158	789	641	485
1998	23361	251679	490662	178228	20623	930	1015	371
1999	17998	208207	316930	158669	19372	1254	1114	413
2000	17796	223327	446397	142342	32393	2498	1946	440
2001	38522	141390	588021	130715	22367	562	1258	344
2002	35749	277636	537876	177953	34283	3055	1954	441
2003	79473	902879	1063324	306358	113001	4934	6169	739

8-3 房地产法人单位及从业人员

项 目	法人单位(个)	从业人员(人)
总 计	**16**	**739**
一、按登记注册类型分		
股份合作	4	232
其他有限责任公司	6	252
股份有限公司	2	104
私营有限责任公司	3	121
私营股份有限公司	1	30
二、按国民经济行业分		
房地产开发	16	739
三、按街道办事处分		
李村街道办事处	8	294
虎山路街道办事处	2	134
浮山路街道办事处	2	85
兴华路街道办事处	4	226

8-4 商品房销售额前十位企业

位 次	单 位	商品房销售额(万元)
1	青岛百通城市建设有限公司	21320
2	青岛海信房地产股份有限公司	19200
3	青岛海纳房地产有限公司	8510
4	青岛城阳城市建设综合开发有限公司	8417
5	青岛豪伦置业有限公司	4475
6	青岛广大物业发展有限公司	2695
7	青岛裕丰房地产开发有限公司	1914
8	青岛市舜华实业总公司	1530
9	青岛金秋实业有限公司	572
10	青岛同盛房地产开发有限公司	445

主要统计指标解释

房地产开发投资 包括各种经济类型的房地产开发公司、商品房建设公司及其他房地产开发单位统一开发的包括统代建、拆迁还建的住宅、厂房、仓库、饭店、宾馆、度假村、写字楼、办公楼等房屋建筑物和配套的服务设施、土地开发工程，如道路、给水、排水、供电、供热、通讯、平整场地等基础设施工程的投资。包括非房地产企业实际从事房地产开发或经营活动，不包括单纯的土地交易活动。

土地开发面积：指报告期内对土地进行开发并已完成七通一平等前期开发工程，具备进行房屋建筑物施工或出让条件的土地面积。

房屋施工面积：指报告期内施工的全部房屋建筑面积。包括本期新开工的面积和上年开工跨入本期继续施工的房屋面积，以及上期已停建在本期恢复施工的房屋面积。

房屋竣工面积：指报告期内房屋建筑按照设计要求已全部完工，达到住人和使用条件，经验收鉴定合格或达到竣工验收标准，可正式移交使用的各栋房屋建筑面积的总和。

房屋竣工价值：指在报告期内竣工房屋本身的建造价值。

销售面积：指报告期已竣工的房屋面积中已正式交付给购房者或已签订销售合同的商品房屋面积。不包括已签订预售合同正在建设的商品房屋面积，但包括报告期或报告期以前签订了预售合同，在报告期又竣工的商品房屋面积。

空置面积：指报告期末已竣工的可供销售或出租的商品房屋建筑面积中，尚未销售或出租的商品房屋建筑面积，包括以前年度竣工和本期竣工的房屋面积，但不包括报告期已竣工的拆迁建、统建代建、公共配套建筑、房地产公司自用及周转房等不可销售或出租的房屋面积。

经营总收入合计：是企业对外转让、销售、结算和出租开发产品所取得的经营收入。

利润：指企业在一时期内实现的盈亏总额，反映企业最终的财务成果。

九、对外经济

FOREIGN ECONOMY

9-1 实 际 利 用 外 资

计量单位:万美元

项　目	本年实际	历年实际	项　目	本年实际	历年实际
合　计	**6452.52**	**31111.02**	日本	841	3016.5
一、按投资方式分组			菲律宾		125
中外、港澳台与大陆合资经营	2263.4	4911.00	新加坡	246	482.5
中外、港澳台与大陆合作经营	70	833.80	韩国	3397.7	16730.9
外商、港澳台独资经营	4119.12	25366.22	泰国	35	76.1
二、按行业分组			马来西亚		315
农林、牧、渔业		8.50	欧洲	997	4029.2
制造业	6395.52	30121.12	#英国	104	144.5
建筑业		8.20	德国	493	775.9
交通运输、仓储及邮电通信业		5.50	法国	400	2963
批发和零售贸易业		617.60	意大利		26.3
住宿和餐饮业	57	301.10	荷兰		74.1
#餐饮业	57	301.10	瑞士		45.4
房地产业		49.00	拉丁美洲		43.2
文化、教育和娱乐业			北美洲	164.7	1226.42
三、按投资国别、地区分组			#加拿大	7	70.3
亚洲	5290.82	25635.92	美国	157.7	1156.42
#香港	771.1	3724.80	大洋洲		10
台湾		1324.10	#新西兰		10
			其他		7

9-2 历年实际利用外资

（按国别地区分）　　　　投资额：万美元

项　目	1994	1995	1996	1997	1998	1999	2000	2001	2002	2003
合　计	**1694**	**1997**	**1475.2**	**762.1**	**2009.5**	**1625.7**	**2028.8**	**2628.8**	**4620**	**6452.52**
亚洲	1594	1883.6	1445.9	707.5	1959.5	401.4	1420.4	1847.8	4409	5290.82
＃香港	400	397.6	141.1	32.5	20	15	37.2	229	272	771.1
台湾	320	253.7	77	13.3	19.5	90	144.6	103	138.7	
日本	200	226	452	50	110	7.8	429.8	238.9	346	841
菲律宾					1810					
新加坡		42.8						145		246
韩国	674	963.5	775.8	611.7		288.6	808.8	1131.9	3317.3	3397.7
泰国									20	35
马来西亚									315	
欧洲		6.4	29.3	54.6		1128.4	345.6	657.5	132	997
＃英国							8.5		32	104
德国		0.4	8	27.6		138.4			100	493
法国						990	310	600		400
意大利		1.2						12.1		
荷兰		4.8	21.3	27			27.1			
瑞士								45.4		
拉丁美洲							43.2			
北美洲	100	107			50	85.9	202.6	123.5	79	164.7
＃加拿大						10.9				7
美国	100	107			50	75	202.6	123.5	79	157.7
大洋洲						10	10			
＃新西兰						10	10			
其他							7			

9-3 历年实际利用外资

（按产业分）　　投资额：万美元

年　份	合　计	一产	二产	三产
1994	1694		1594	100
1995	1997		1452	545
1996	1475.2		1362.2	113
1997	762.1		712.5	49.6
1998	2009.5		1942.5	67
1999	1625.7		1625.7	
2000	2028.8	8.5	2020.3	
2001	2628.8		2329.6	299.2
2002	4620		4271	349
2003	6452.52		6395.52	57

9-4 历年实际利用外资

（按投资方式分）　　投资额：万美元

年　份	合　计	中外合资	中外合作	独资
1994	1694		1594	100
1995	1997	231	348	1418
1996	1475.2	35.4	24	1415.8
1997	762.1	17.5		744.6
1998	2009.5		67	1942.5
1999	1625.7	135.9		1489.8
2000	2028.8	152.9	57.2	1818.7
2001	2628.8	298.4		2330.4
2002	4620	842.4	80	3697.6
2003	6452.52	2263.4	70	4119.12

9-5 历年实际利用外资前十位企业

位　次	单　位	历年实际利用外资（万美元）
1	罗地亚（青岛）白碳黑有限公司	2935
2	青岛美特容器有限公司	1500
3	韩周服装有限公司	1290
4	大星电子有限公司	1198
5	荣花边有限公司	1171
6	爱必思拉链有限公司	1140
7	青岛莱茵化学有限公司	1345
8	南南有限公司	865
9	嘉都丽时装有限公司	811
10	仁成人造毛皮有限公司	655

9-6 外商投资企业经营情况

	销售(营业)收入(千元)	出口收入(千元)	销售营业成本(千元)	出口销售成本(千元)	税金总额(千元)
甲	10	12	15	17	29
合计	**6927312**	**2273773**	**6139490**	**1969115**	**260864**
一、按投资方式分组	**0**	**0**	**0**	**0**	**0**
中外、港澳台与大陆合资经营	1360536	423138	1141104	340992	48880
中外、港澳台与大陆合作经营	3501361	2617	3207845	1961	185149
外商、港澳台独资企业	2065415	1848018	1790441	1626162	26835
二、按国民经济行业分组	**0**	**0**	**0**	**0**	**0**
制造业	6462685	2040194	5782073	1784429	249088
其中:食品加工业	35824	33423	31895	29602	336
纺织业	292637	212347	223679	162571	12956
服装及其他纤维制品制造业	234816	201456	193590	179772	2455
石油加工及炼焦业	5090	0	3788	0	1275
化学原料及化学制品制造业	687648	83962	622340	60507	22656
塑料制品业	106921	105451	49215	47779	67
非金属矿物制品业	86493	64036	60419	55576	2078
普通机械制造业	12432	0	7503	0	1069
交通运输设备制造业	6855	13	6163	55	267
电气机械及器材制造业	669631	640950	634520	611929	4161
电子及通信设备制造业	391285	384802	388769	385793	121
建筑业	449902	221055	346596	174350	11734
批发和零售贸易、餐饮业	956	0	243	0	42
社会服务业	1245	0	252	0	0
三、按投资国别、地区分组	**0**	**0**	**0**	**0**	**0**
1.亚洲	6739976	2187103	5984186	1897790	254970
其中:香港	4224632	25001	3858967	22095	215448
台湾	140146	37121	108917	32537	9361
日本	945864	871951	815155	765809	15629
新加坡	45723	28930	41494	25190	2317
韩国	1255533	1148564	1076284	998232	10379
2.欧洲	120929	56127	97288	43411	1338
其中:德国	5090	0	3788	0	1275
法国	111850	54525	90549	43411	0
荷兰	956	0	743	0	63
瑞士	3033	1602	2208	0	0
4.拉丁美洲	30719	21687	28285	19696	2376
5.北美洲	35688	8856	29731	8218	2180
其中:加拿大	1491	0	1111	0	63
美国	34197	8856	28620	8218	2117

9-6 续 1　外商投资企业经营情况

	所得税	利润总额（千元）	资产总计（千元）	负债合计（千元）	出口总值（千美元）
甲	31	28	4	8	35
合　　计	**34071**	**314111**	**4502172**	**2677702**	**340120**
一、按投资方式分组	**0**	**0**	**0**	**0**	**0**
中外、港澳台与大陆合资经营	8808	52054	1199415	722920	56995
中外、港澳台与大陆合作经营	21196	196285	1679884	1011573	349
外商、港澳台独资企业	4067	65772	1622873	943209	282776
二、按国民经济行业分组	**0**	**0**	**0**	**0**	**0**
制造业	32767	279684	3894840	2332247	311900
其中：食品加工业	0	－313	27178	14966	3368
纺织业	1791	8870	451292	301351	27534
服装及其他纤维制品制造业	445	2854	281855	89883	69767
石油加工及炼焦业	0	－527	2229	2480	0
化学原料及化学制品制造业	2680	14943	330705	214004	10313
塑料制品业	0	52617	15032	19269	6139
非金属矿物制品业	185	－248	113924	48039	7762
普通机械制造业	498	－141	58456	35752	0
交通运输设备制造业	0	－107	4578	1919	13
电气机械及器材制造业	1665	4160	367952	213094	79211
电子及通信设备制造业	8	－12193	159041	112492	46479
建筑业	1304	35218	588394	335805	26706
批发和零售贸易、餐饮业	0	－159	2251	809	0
社会服务业	0	－531	7382	5884	0
三、按投资国别、地区分组	**0**	**0**	**0**	**0**	**0**
1．亚洲	34071	321392	4221902	2496154	329666
其中：香港	23248	205747	2181477	1340417	3077
台湾	4261	15709	170697	79536	1369
日本	5513	43743	717922	368331	111182
新加坡	4	－2143	105667	106438	3045
韩国	1045	39521	914633	511959	201863
2．欧洲	0	－6008	205561	139654	6762
其中：德国	0	－527	2229	2480	0
法国	0	－5357	187917	130697	6569
荷兰	0	－124	7702	4525	0
瑞士	0	0	7713	1952	193
4．拉丁美洲	0	265	16950	14336	2621
5．北美洲	0	－1538	57759	27558	1071
其中：加拿大	0	－57	3779	966	0
美国	0	－1481	53980	26592	1071

9-6 续2 外商投资企业经营情况

	进口总值（千美元）	从业人员（人）	外籍职工（人）	从业人员劳动报酬（千元）	外籍职工（千元）	参与汇总单位个数（个）
甲	34	36	37	39	40	49
合　计	**241044**	**35551**	**404**	**346590**	**33108**	**140**
一、按投资方式分组	**0**	**0**	**0**	**0**	**0**	
中外、港澳台与大陆合资经营	43026	5018	29	83302	6410	35
中外、港澳台与大陆合作经营	158	2048	2	41738	193	6
外商、港澳台独资企业	197860	28485	373	221550	26505	99
二、按国民经济行业分组	**0**	**0**	**0**	**0**	**0**	
制造业	228323	34417	400	326789	31676	124
其中：食品加工业	2323	271	1	2269	21	3
纺织业	12360	5373	62	85595	12911	12
服装及其他纤维制品制造业	44780	5331	30	53951	2286	19
石油加工及炼焦业	0	21	0	252	0	1
化学原料及化学制品制造业	22137	344	2	9512	185	6
塑料制品业	474	193	5	2692	737	3
非金属矿物制品业	668	456	15	7113	768	6
普通机械制造业	0	201	3	2023	11	3
交通运输设备制造业	0	91	1	836	19	3
电气机械及器材制造业	83156	3302	32	46596	6582	8
电子及通信设备制造业	35437	872	42	6800	1560	7
建筑业	12721	1033	4	18828	1432	10
批发和零售贸易、餐饮业	0	26	0	183	0	3
社会服务业	0	33	0	313	0	2
三、按投资国别、地区分组	**0**	**0**	**0**	**0**	**0**	**0**
1．亚洲	240627	34917	399	337320	32684	128
其中：香港	31444	3029	1	55081	15	15
台湾	11666	6500	98	10823	821	12
日本	66864	4621	20	71317	5569	16
新加坡	0	335	0	2541	0	4
韩国	126875	20300	279	193255	24979	80
2．欧洲	291	168	2	3765	210	5
其中：德国	0	21	0	252	0	1
法国	291	114	1	3060	132	1
荷兰	0	14	1	235	78	1
瑞士	0	19	0	218	0	1
4．拉丁美洲	0	166	0	2401	0	2
5．北美洲	126	300	3	3104	214	5
其中：加拿大	0	13	0	221	0	1
美国	126	287	3	2883	214	4

9-7 历年外商投资企业经营情况

年份	销售(营业)收入(万元)	应缴税金(万元)	利润总额(万元)	出口总额(万美元)	进口总额(万美元)	从业人员(人)	#外方人员(人)	从业人员劳动报酬(万元)	#外方人员(万元)	报表企业数(个)
1994	78212	1172	1167			11439	159	6226	1011	59
1995	131697	1180	－1148.00			12489	190	8825	1456	72
1996	167557	1542	－1824.60			14523	170	10884	1635	79
1997	204786	1666	－1332.00			15140	207	13744	2108	84
1998	194975	2353	－844.00	19582	13670	15530	209	13617	1816	85
1999	215516	2348	5930	27937	17942	15885	234	16290	2560	105
2000	366671	13756	14662	29123	21782	21047	229	23419	3468	135
2001	231583	6820	9440	11490	7247	12666	183	14724	2468	94
2002	248042	6509	8240	22983	10603	25640	297	23862	3149	119
2003	692731	26086	31411	34012	24104	35551	404	34659	3311	140

9-8 出 口 总 额

计量单位:万美元

项　　目	2003年	2002年	2003年为2002年%
合　　计	**59512**	**42600**	**140**
李村街道办事处	1230	969	127
虎山路街道办事处	4260	3695	115
浮山路街道办事处	10323	7793	132
永清路街道办事处	4720	3838	123
楼山街道办事处	8630	7145	121
湘潭路街道办事处	16780	13981	120
九水路街道办事处	6980	4276	163
经计局	—	51	—
财办	1104	387	285
其他单位	5485	465	1180

9-9 历 年 出 口 总 额

年　　份	出口总额(万美元)
1994	9634
1995	17303
1996	17927
1997	21585
1998	20365
1999	23500
2000	29842
2001	36416
2002	42600
2003	59512

主要统计指标解释

利用外资　指我国各级政府、部门、企业和其他经济组织通过对外借款、吸收外商直接投资以及其他方式筹措的境外现汇、设备、技术等。

对外借款　包括我国通过外国政府贷款，国际金融组织贷款，外国银行商业贷款，出口信贷以及外发行债券、股票等方式，从境外筹措的资金。

外商直接投资　是指外国企业和经济组织或个人（包括华侨、港澳台胞以及我国在境外注册的企业）按我国有关政策、法规，用现汇、实物、技术等在我国境内开办外商独资企业、与我国境内的企业或经济组织共同举办中外合资经营企业、合作经营企业或合作开发资源的投资（包括外商投资收益的再投资）以及经政府有关部门批准的项目投资总额内，企业从境外借入的资金。

十、引进内资

THE UTILIZATION OF HOME INVESTMENT

10-1 实 际 利 用 内 资

（引进李沧以外的项目） 计量单位：万元

单 位 名 称	本年实际	历年实际	单位名称	本年实际	历年实际
全 区 合 计	**113947**	**254358**	工会	600	1045
东部开发区	21534	54649	妇联	150	520
招商局	9308.5	27010.5	工商联	300	1320
外经贸局	3758	7898	计生委	400	870
经计局	2684	7702	文化局	424	1124
财办	2325	7525	团委	100	310
建管局	2661	5920	民政局	410	1445
李村街道办事处	8182	18764	统战部	200	612
虎山街道办事处	7425	17991	政府办	630	1457
浮山路街道办事处	9574	15821	机关工委	100	250
湘潭路街道办事处	5506	12349	区委办	432	1032
楼山路街道办事处	6013	12228	宣传部	300	549
永清街道办事处	3248	9254	卫生局	513	1033
振华路街道办事处	2375	3325	教体局	600	1040
永安路街道办事处	1309.6	2115.6	农办	400	1220
兴华路街道办事处	1550	1961	人防办	100	292
兴城路街道办事处	2481	3883	体改办	200	300
科技局	600	1718	劳动局	400	600
统计局	1001	2766	审计局	508	1008
人事局	1005	2252	法制办	700	2700
财政局	3742	5971	科协	250	380
司法局	520	960	纪委（监察局）	842	1252
组织部	400	910	政法委	335	665
老干局	600	1250	档案局	130	230
个私局	3043	3043			

十一、固定资产投资

INVESTMENT IN FIXED ASSETS

11-1 固定资产投资

计量单位:万元

项目	计划总投资	本年完成投资	建筑工程	安装工程	设备购置	其它费用
合计	**1435926**	**430010**	**303723**	**22473**	**65122**	**38692**
#房地产开发投资额	647157	79473	45124	3913		30436
一、按建设性质分						
新建	215269	151553	116873	9206	20106	6517
扩建	235033	112203	78607	6215	25047	1739
改建	338467	86781	63119	3152	19969	0
二、按登记注册类型分						
国有经济	317961	108320	79910	5740	20127	2543
集体经济	107000	98181	74178	5323	18680	0
外商投资企业	11803	9510	7015	503	1766	226
股份制	6517	5570	4113	294	1034	129
集体联营	13243	11813	8714	625	2194	280
国有独资企业	215480	45655	33680	2417	8481	1077
其他有限责任公司	85170	42850	31611	2268	7960	1011
个体私营	33969	25648	19378	1390	4880	0
三、按国民经济行业分组						
农业	1200	1200	1200			
制造业	508634	164767	121553	9033	31185	2996
电力、煤气及生产和供应业	68946	10856	8008	574	2016	258
建筑业	7100	6132	4523	324	1139	146
交通运输、仓储及邮电通信业	893	840	619		200	21
批发和零售贸易、餐饮业	47580	39712	29296	2102	7377	937
房地产业	1020	960	708		183	69
社会服务业	19716	12545	8896	664	2330	655
科学研究和综合技术服务业	241	177	177		0	0
国家机关、政党机关和社会团体	130009	110741	81696	5863	20573	2609
其他行业	3430	2607	1923		119	565
四、按部门分						
九水路街道办事处	179593	79313	58145	4225	14647	2296
李村街道办事处	65008	29335	21641	1553	5449	692
虎山路街道办事处	61037	27570	20339	1459	5121	651
浮山路街道办事处	54100	24043	17737	1273	4466	567
湘潭路街道办事处	35624	15832	11679	838	2941	374
楼山街道办事处	203673	90114	66848	4749	16834	1683
永清路街道办事处	36254	16112	11886	853	2993	380
振华路街道办事处	14027	6243	4605	330	1159	149
永安路街道办事处	101559	45134	33296	2389	8384	1065
兴华路街道办事处	22798	10132	7474	536	1882	240
兴城路街道办事处	15096	6709	4949	355	1246	159

11-1 续　固定资产投资

计量单位:万元

项　　目	本年新增固定资产	本年资金来源	国内贷款	自筹资金	其他资金
合　　计	**210177**	**488193**	**172032**	**228521**	**87640**
#房地产开发投资额	45668	132656	46400	31650	54606
一、按建设性质分					
新建	104462	161256	56982	89293	14981
扩建	39168	118725	41952	65741	11032
改建	20879	75556	26698	41837	7021
二、按登记注册类型分					
国有经济	39542	110171	38930	61009	10232
集体经济	81879.9	100750	35601	55788	9361
外商投资企业	5619	9936	3510	5501	925
股份制	3367	6020	2127	3333	560
集体联营	4236	12020	4247	6655	1118
国有独资企业	7920	45655	16132	25280	4243
其他有限责任公司	11136	43705	15443	24200	4062
个体私营	10809	27280	9642	15105	2533
三、按国民经济行业分组					
农业	1200	1200		1200	
制造业	77326	165346	61854	91025	12467
电力、煤气及生产和供应业	5094	11379	4021	6301	1057
建筑业	2877	6427		3558	2869
交通运输、仓储及邮电通信业	394	881		487	394
批发和零售贸易、餐饮业	18543	41422	14637	22936	3849
房地产业	450	1006		557	449
社会服务业	5887	13125	4637	7267	1221
科学研究和综合技术服务业	177	185		102	83
国家机关、政党机关和社会团体	51338	111586	39430	61788	10368
其他行业	1223	2980	1053	1650	277
四、按部门分					
九水路街道办事处	37226	80444	28430	44548	7466
李村街道办事处	13767	29759	10515	16478	2766
虎山路街道办事处	12938	27963	9881	15483	2599
浮山路街道办事处	11283	24385	8616	13502	2267
湘潭路街道办事处	7430	16057	5673	8891	1493
楼山街道办事处	42291	91399	32296	50610	8493
永清路街道办事处	7561	16341	5774	9048	1519
振华路街道办事处	2929	6332	2237	3506	589
永安路街道办事处	21181	45777	16175	25348	4254
兴华路街道办事处	4755	10276	3631	5690	955
兴城路街道办事处	3148	6804	2404	3767	633

11-2　历年固定资产投资完成情况

计量单位:万元

年　份	完成投资	按建设性质分			按经济	
		新　建	扩　建	改　建	国有经济	集体经济
1994	56102	7621	39580	8901	33500	10639
1995	79077	10743	55789	12545	33513	12178
1996	86396	11737	60952	13707	36884	13102
1997	107293	24184	73720	9389	78899	14263
1998	135407	31881	86506	17920	97796	16983
1999	154179	30670	96269	27240	67077	23257
2000	92820	38404	38468	15948	30808	13477
2001	168330	61201	66984	40145	81235	30070
2002	275618	84647	41931	149040	111358	36365
2003	430010	231026	112203	86781	153975	56042

11-2续　历年固定资产投资完成情况

计量单位:万元

年　份	类型分			按产业分		
	外商经济	股份制	个体私营	一　产	二　产	三　产
1994	5902	5611	450		38176	17926
1995	24776	7910	700		53811	25266
1996	26823	8563	1024		62929	23467
1997	5551	6260	2320		83901	23392
1998	5066	11965	3597		92501	42906
1999	12523	45412	5910		104415	49764
2000	21880	19196	6270		49986	41647
2001	22355	26965	7705		104124	64206
2002	20811	69151	37933		189418	86200
2003	33312	125723	60958	1200	170899	257911

主要统计指标解释

固定资产投资额　固定资产投资额是以货币表现的建造和购置固定资产活动的工作量，它是反映固定资产投资规模、速度、比例关系和使用方向的综合性指标。固定资产投资包括国有经济单位投资、城乡集体经济单位投资、其他各种经济类型的单位投资和城乡居民个人投资。固定资产投资总额分为基本建设、更新改造、房地产开发投资和其他固定资产投资四个部分；城乡集体经济单位投资包括城镇集体所有制单位投资和农村集体所有制单位投资；其他各种经济类型单位投资包括联营经济、股份制经济、中外合资经营、中外合作经营、外资、与大陆合资经营、与大陆合作经营、港澳台独资及其他经济的单位投资。城乡居民个人投资包括城市、县城、镇、工矿区所辖范围内的个人建房和农村个人建房及购买生产性固定资产的投资。

基本建设投资　基本建设是企业、事业、行政单位以扩大生产能力或工程效益为主要目的地新建、扩建工程及有关工作。包括(1)列人中央和各级地方本年基本建设计划的建设项目，以及虽末列人本年基本建设计划，但使用以前年度基建计划内结转投资（包括利用基建设备材料）在本年继续施工的建设项目；(2)本年基本建设计划内投资与更新改造计划内投资结合安排的新建项目和新增生产能力（或工程效益）达到大中型项目标准的扩建项目，以及为改变生产力布局而进行的全厂性迁建项目；(3)国有单位既未列人基建计划，也末列人更新改造计划的总投资在5万元以上的新建、扩建、恢复项目和为改变生产力布局而进行的全厂性迁建项目，以及行政、事业单位增建业务用房和行政单位增建生活福利设施的项目。

更新改造投资　更新改造是指企业、事业单位对原有设施进行固定资产更新和技术改造，以及相应配套的工程和有关工作(不包括在修理和维护工程)。包括(1)列人中央和各级地方本年更新改造计划的项目和虽未列入本年更新改造计划，但使用上年更新改造计划内结转的投资在本年继续施工的项目，(2)本年更新改造计划内投资与基本建设计划内投资结合安排的对企、事业单位原有设施进行技术改造或更新的项目，和增建主要生产车间、分厂等其新增生产能力（或工程效益）末达到大中型项目标准的项目，以及由于城市环境保护和安全生产的需要而进行的迁建工作；(3)国有企、事业单位既末列人基建计划也末列人更新改造计划，总投资在5万元以上的属于改建或更新改造性质的项目，以及由于城市环境保护和安全生产的需要而进行的迁建工程。

其他固定资产投资　全社会固定资产投资中末列人基本建设、更新改造和房地产开发投资的建造和购置固定资产的活动。

施工项目　指报告期内曾进行建筑或安装工程施工活动的建设项目。包括报告期内新开工项目、报告期以前开工跨人报告期继续施工的项目以及报告期施工过并在报告期内全部建设投产或停续建的项目。

全部建成投产项目　工业项目是指设计文件规定形成生产能力的主体工程及其相应配套的辅助设施全部建成，经负荷试运转，证明具备生产设计规定合格产品的条件，并经过验收鉴定合格或达到竣工验收标准，与生产性工程配套的生产福利设施可以满足近期正常生产的需要，正式移交生产的建设项目。非工业项目是指设计文件规定的主体工程和相应的配套工程全部建成，能够发挥设计规定的全部效益，经验收鉴定合格或达到竣工验收标准，正式移交使用的建设项目。

施工和竣工房屋建筑面积　房屋建筑面积是从房屋外墙线算起的各层平面面积的总和，包括房屋结构（如柱、墙）占用的面积和地下室面积。多层建筑按各自然层面积总和计算，包括房屋内的楼隔层，突出墙面的眺望间、门斗、有柱雨罩的面积。不包括突出墙面结构的构件、艺术装饰等所占的面积，如台阶等。凹阳台、挑阳台按其水平投影面积一半计算建筑面积。

新增固定资产　指通过投资活动所形成的新的固定资产价值。包括已经建成投入生产或交付使用的工程价值和达到固定资产标准的设备、工具，器具的价值及有关应摊人的费用。它是以价值形式表示的固定资产投资成果的综合性指标，可以综合反映不同时期、不同部门、不同地区的固定资产投资成果。

十二、城市建设、环境保护

THE CONSTRUCTION OF THE CITY AND THE PROTECTION OF ENVIRONMENT

12-1 城市道路及下水道情况

项目	单位	2003 年	2002 年	2003 年为 2002 年(%)
年末道路长度	公里	219	147	148.98
#高级路	公里	132	45	293.33
#次级路	公里	65	82	79.27
年末雨水管道长度	公里	37	23	160.87
#明水沟	公里	34	44	77.3
铺装人行道板	万平方米	69	56	123.21
养护路面	万平方米	241	136	177.21

12-2 历年城市道路及下水道情况

年 份	年末道路长度（公里）	年末雨水管道长度（公里）	#明水沟（公里）	铺装人行道板（万平方米）	养护路面（万平方米）
1994	76	14	22	20	23
1995	89	13	22	0.07	56
1996	98	14	22	0.7	11
1997	104	19	74	30	11
1998	91	19	82	2	5
1999	93	108	84	9	7
2000	112	23	14	30	27
2001	113	26	26	47	7.6
2002	147	23	44	56	136
2003	219	37	34	69	241

12-3 城市绿化情况

项　　目	单　位	2003年	2002年	2003年为2002年(%)
公园个数	个	7	6	116.67
公园面积	公顷	182.78	178	102.69
当年植树	万株	17.73	28	63.32
绿化覆盖率	%	28.2	39	
人均占有公共绿地	平方米	13.5	12	112.50

12-4 历年城市绿化情况

年　份	公园个数(个)	公园面积(公顷)	当年植树(万株)	绿化覆盖率(%)	人均占有公共绿地(平方米)
1994	4	78	9.2	41.5	3.983
1995	4	57.4	15.75	43.8	5.47
1996	5	168.68	10.59	31.4	5.7
1997	5	168.7	8.1	33	8.67
1998	5	168.68	11.74	33.65	8.86
1999	5	168.68	14.27	38	10.15
2000	5	168.68	17.5	38.2	10.47
2001	5	168.68	50	38.6	10.89
2002	6	178	28	39	12
2003	7	182.78	17.73	28.2	13.5

12-5 历年人均占有公共绿地

年　　份	人均占有公共绿地(平方米)
1994	3.983
1995	5.47
1996	5.7
1997	8.67
1998	8.86
1999	10.15
2000	10.47
2001	10.89
2002	12
2003	13.5

12-6　城市环卫情况

项　目	单　位	2003 年	2002 年	2003 年为 2002 年(%)
一、环卫机械设备	**台**	**41**	**33**	**124.24**
垃圾车	辆	38	30	126.67
粪便车	辆	3	3	100.00
二、清除垃圾数	**万吨**	**10.56**	**16**	**66.00**
三、清扫街道面积	**万平方米**	**154.78**	**303**	**51.08**
四、管理共厕	**座**	**36**	**32**	**112.50**
翻建共厕	座	0	1	
清除粪便	万吨	3.39	3.6	94.17

12-7　历年城市环卫情况

年份	环卫机械设备 (台)	清除垃圾数 (万吨)	清扫街道面积 (万平方米)	管理公厕 (座)	翻建公厕 (座)	清除粪便 (万吨)
1994	50	14	76	32		8.2
1995	60	14.8	96	33		8
1996	48	15	78	33	6	8.2
1997	44	15	78	33	2	8.2
1998	35	16	78	79	1	5.53
1999	38	17	164	80	9	7.5
2000	36	17	185	47	2	5.5
2001	35	15	155	69	2	3.7
2002	33	16	303	32	1	3.6
2003	41	10.56	154.78	36		3.39

12-8 城市环境保护情况

项　　目	单　位	2003年	2002年	2003年为2002年(%)
交纳排污费单位	个	749	562	133.27
交纳排污费总额	万元	976	626	155.91
城市环境保护投资指数	%	3.3	3.22	——
污染防治设施运行率	%	100	100	——
大气总悬浮微粒年平均值	毫克/立方米	0.103	0.098	105.10
烟尘控制区	平方公里	51.11	51.11	100.00
折合后噪音达标区面积	平方公里	49.56	49.56	100.00

12-9 历年城市环境保护情况

年份	交纳排污费单位(个)	交纳排污费总额(万元)	城市环境保护投资指数(%)	污染防治设施运行率(%)	大气总悬浮微粒年平均值(毫克/M^3)	烟尘控制区(平方公里)	折合后噪音达标区面积(平方公里)
1994	564	606				1.4	1.78
1995	569	626.2				35.94	33.65
1996	519	650				47.91	42.6
1997	810	601				49.31	42.56
1998	568	550	1.45	85.37		49.66	30.56
1999	576	408	2	90.9		49.66	37.56
2000	285	550	3.4	100	0.173	51.11	37.56
2001	579	510	3	100	0.102	51.11	37.31
2002	562	626	3.22	100	0.098	51.11	49.56
2003	749	976	3.3	100	0.103	51.11	49.56

12-10 城市住宅情况

计量单位:万平方米

项　　目	2003 年	2002 年	2003 年为 2002 年(%)
年末实有房屋建筑面积	1590.44	1556.31	102.19
#住宅建筑面积	693.44	661.91	104.76
#自有住宅建筑面积	636.48	609.85	104.37
实有住宅使用面积	485.41	463.34	104.76
人均住宅建筑面积(m^2)	27.91	26.92	103.68
人均住宅使用面积(m^2)	19.53	18.84	103.66

12-11 历年城市住宅情况

计量单位:万平方米

年　份	年末实有房屋建筑面积	#住宅建筑面积	#自有住宅建筑面积	实有住宅使用面积	人均住宅建筑面积(m^2)	人均住宅使用面积(m^2)
1994	1341.47	518.29	185.37	362.8	13.4	9.6
1995	1369.22	532.79	189.2	372.95	18.05	12.89
1996	1382	540.65	214.76	378.46	18.66	13.33
1997	1418.18	560.12	232.7	392.08	18.95	13.54
1998	1098	375.32	270.88	181.73	9.67	9.98
1999	1486.44	608.87	264.51	426.21	20.43	14.59
2000	1504	614.59	416.18	430.22	17.8	12.71
2001	1530.82	637.37	432.7	446.16	26.48	18.54
2002	1556.31	661.91	609.85	463.34	26.92	18.84
2003	1590.44	693.44	636.48	485.41	27.91	19.53

十三、从业人员及职工工资

THE EMPLOYED AND THE SALARY

13-1 单位从业人员和劳动报酬情况

项　　目	*单位个数	年末 年末人数	单位从业人员	女　性	使用的农村劳动力	#使用的本市农村劳动力
总　计	**755**	**113669**	**99737**	**52449**	**20941**	**7868**
1. 按企业、事业、机关分组	755	113669	99737	52449	20941	7868
企　业	587	102877	89373	47331	20876	7831
事　业	123	8160	7867	4472	13	13
机　关	45	2632	2497	646	52	24
2. 按国民经济行业分组	755	113669	99737	52449	20941	7868
农、林、牧、渔业	5	154	77	18	2	2
制造业	394	84273	74063	41214	19716	7343
电力、燃气及水的生产和供应业	2	262	250	88	0	0
建筑业	28	3171	3050	467	865	311
交通运输、仓储和邮政业	27	5060	4240	1501	114	77
信息传输、计算机服务和软件业	3	47	47	16	0	0
批发和零售业	66	6529	4749	2710	60	18
住宿和餐饮业	10	368	360	207	57	18
金融业	20	1428	1341	602	3	3
房地产业	12	1207	869	285	17	17
租赁和商务服务业	20	516	483	187	42	42
科学研究、技术服务和地质勘查业	8	439	424	147	0	0
水利、环境和公共设施管理业	6	823	801	264	3	3
居民服务和其他服务业	7	274	224	141	0	0
教育	60	3984	3862	2466	9	9
卫生、社会保障和社会福利业	16	1960	1879	1257	1	1
文化、体育和娱乐业	15	298	278	121	0	0
公共管理和社会组织	56	2876	2740	758	52	24

注:本表的填报范围是按市属以上单位 231 个,区属以下单位 524 个。

13-1续1 单位从业人员和劳动报酬情况

项　　目	人　数　(人)					
	在岗职工	#女　性	#专　业技术人员	#女性	长期职工	临时职工
总　　计	**98158**	**52101**	**19322**	**7856**	**91534**	**6624**
1. 按企业、事业、机关分组	98158	52101	19322	7856	91534	6624
企　　业	87975	47053	13552	4457	81488	6487
事　　业	7784	4449	5493	3344	7658	126
机　　关	2399	599	277	55	2388	11
2. 按国民经济行业分组	98158	52101	19322	7856	91534	6624
农、林、牧、渔业	76	18	42	11	74	2
制造业	73128	40986	9865	2966	67447	5681
电力、燃气及水的生产和供应业	250	88	105	39	250	0
建筑业	2795	466	733	123	2190	605
交通运输、仓储和邮政业	4240	1501	495	183	4236	4
信息传输、计算机服务和软件业	47	16	6	2	43	4
批发和零售业	4678	2705	927	473	4673	5
住宿和餐饮业	351	203	52	30	271	80
金融业	1313	585	970	475	1262	51
房地产业	832	273	379	153	811	21
租赁和商务服务业	473	185	125	64	442	31
科学研究、技术服务和地质勘查业	422	147	241	86	408	14
水利、环境和公共设施管理业	801	264	150	55	801	0
居民服务和其他服务业	224	141	40	21	224	0
教育	3767	2449	3098	1918	3730	37
卫生、社会保障和社会福利业	1841	1242	1595	1102	1791	50
文化、体育和娱乐业	278	121	163	73	271	7
公共管理和社会组织	2642	711	336	82	2610	32

13-1 续2　单位从业人员和劳动报酬情况

项　　　目	年末					
	其他从业人员	＃女性	＃聘用、留用的离退休人员	＃聘用的港澳台和外籍人员	＃人事档案关系保留在原单位的人员	离开本单位仍保留劳动关系的职工
总　计	**1579**	**348**	**441**	**252**	**356**	**13932**
二、按企业、事业、机关分组	**1579**	**348**	**441**	**252**	**356**	**13932**
企　业	1398	278	383	250	307	13504
事　业	83	23	54	2	5	293
机　关	98	47	4	0	44	135
三、按国民经济行业分组	**1579**	**348**	**441**	**252**	**356**	**13932**
农、林、牧、渔业	1	0	1	0	0	77
制造业	935	228	247	250	219	10210
电力、燃气及水的生产和供应业	0	0	0	0	0	12
建筑业	255	1	25	0	0	121
交通运输、仓储和邮政业	0	0	0	0	0	820
信息传输、计算机服务和软件业	0	0	0	0	0	0
批发和零售业	71	5	65	0	5	1780
住宿和餐饮业	9	4	9	0	0	8
金融业	28	17	0	0	28	87
房地产业	37	12	8	0	12	338
租赁和商务服务业	10	2	9	0	0	33
科学研究、技术服务和地质勘查业	2	0	1	0	1	15
水利、环境和公共设施管理业	0	0	0	0	0	22
居民服务和其他服务业	0	0	0	0	0	50
教育	95	17	44	2	47	122
卫生、社会保障和社会福利业	38	15	28	0	0	81
文化、体育和娱乐业	0	0	0	0	0	20
公共管理和社会组织	98	47	4	0	44	136

13-1续3　单位从业人员和劳动报酬情况

项　　目	人数（人）		平均人数（人）				
	#女性	#内部退养职工	年平均人数	从业人员	在岗职工	其他从业人员	聘用、留用的离退休人员
总　　计	**6480**	**8476**	**114825**	**100366**	**98610**	**1756**	**423**
二、按企业、事业、机关分组	**6480**	**8476**	**114825**	**100366**	**98610**	**1756**	**423**
企　　业	6317	8211	103965	89900	88337	1563	365
事　　业	142	141	8190	7897	7808	89	54
机　　关	21	124	2670	2569	2465	104	4
三、按国民经济行业分组	**6480**	**8476**	**114825**	**100366**	**98610**	**1756**	**423**
农、林、牧、渔业	18	0	154	77	76	1	1
制造业	4668	5960	85384	74642	73626	1016	228
电力、燃气及水的生产和供应业	0	4	262	250	250	0	0
建筑业	37	84	3177	3055	2800	255	25
交通运输、仓储和邮政业	458	500	4732	3902	3902	0	0
信息传输、计算机服务和软件业	0	0	46	46	46	0	0
批发和零售业	931	1262	6703	4922	4850	72	66
住宿和餐饮业	1	1	379	370	361	9	9
金融业	52	86	1524	1434	1323	111	0
房地产业	153	267	1219	868	831	37	8
租赁和商务服务业	10	21	517	484	474	10	9
科学研究、技术服务和地质勘查业	7	5	433	419	417	2	1
水利、环境和公共设施管理业	6	18	835	813	812	1	0
居民服务和其他服务业	2	48	278	228	228	0	0
教育	70	52	3987	3865	3765	100	44
卫生、社会保障和社会福利业	36	37	1980	1900	1862	38	28
文化、体育和娱乐业	10	6	301	279	279	0	0
公共管理和社会组织	21	125	2914	2812	2708	104	4

13-1 续4 单位从业人员和劳动报酬情况

项目	聘用的港澳台和外籍人员	人事档案关系保留在原单位的人员	离开本单位仍保留劳动关系的职工	#内部退养职工	全年劳动报酬(生活费)总额	劳动 从业人员劳动报酬	在岗职工工资总额
总　计	**260**	**459**	**14459**	**8792**	**1729822**	**1646498**	**1584261**
一、按企业、事业、机关分组	**260**	**459**	**14459**	**8792**	**1729822**	**1646498**	**1584261**
企　业	257	369	14065	8579	1444835	1368258	1307545
事　业	3	6	293	123	199567	195987	195038
机　关	0	84	101	90	85420	82253	81678
二、按国民经济行业分组	**260**	**459**	**14459**	**8792**	**1729822**	**1646498**	**1584261**
农、林、牧、渔业	0	0	77	0	2122	1831	1807
制造业	257	198	10742	6263	1199713	1143064	1085615
电力、燃气及水的生产和供应业	0	0	12	4	5450	5385	5385
建筑业	0	0	122	76	34089	32303	32032
交通运输、仓储和邮政业	0	0	830	587	70190	64583	64583
信息传输、计算机服务和软件业	0	0	0	0	1379	1379	1379
批发和零售业	0	5	1781	1247	71959	63629	62788
住宿和餐饮业	0	0	9	2	4754	4670	4628
金融业	0	111	90	89	38660	37098	36198
房地产业	0	12	351	264	18907	17155	16941
租赁和商务服务业	0	0	33	21	8547	8121	8063
科学研究、技术服务和地质勘查业	0	1	14	6	9355	9260	9205
水利、环境和公共设施管理业	0	1	22	18	18495	18182	18179
居民服务和其他服务业	0	0	50	48	2328	1955	1955
教育	3	47	122	57	102723	100516	99236
卫生、社会保障和社会福利业	0	0	80	11	46278	45734	45209
文化、体育和娱乐业	0	0	22	8	4642	4601	4601
公共管理和社会组织	0	84	102	91	90231	87032	86457

13-1 续5　单位从业人员和劳动报酬情况

项目	报酬（千元）					
	其他从业人员劳动报酬	#聘用、留用的离退休人员的劳动报酬	#聘用的港澳台和外籍人员的劳动报酬	#人事档案关系保留在原单位的人员劳动报酬	离开本单位仍保留劳动关系的人员生活费	#内部退养职工
总计	**62237**	**5049**	**46944**	**5102**	**83324**	**64765**
二、按企业、事业、机关分组	**62237**	**5049**	**46944**	**5102**	**83324**	**64765**
企业	60713	4460	46889	4613	76577	59410
事业	949	564	55	22	3580	2469
机关	575	25	0	467	3167	2886
三、按国民经济行业分组	**62237**	**5049**	**46944**	**5102**	**83324**	**64765**
农、林、牧、渔业	24	24	0	0	291	0
制造业	57449	2928	46889	2932	56649	41760
电力、燃气及水的生产和供应业	0	0	0	0	65	63
建筑业	271	229	0	0	1786	1763
交通运输、仓储和邮政业	0	0	0	0	5607	4686
信息传输、计算机服务和软件业	0	0	0	0	0	0
批发和零售业	841	776	0	60	8330	7653
住宿和餐饮业	42	42	0	0	84	53
金融业	900	0	0	900	1562	1561
房地产业	214	71	0	110	1752	1414
租赁和商务服务业	58	57	0	0	426	406
科学研究、技术服务和地质勘查业	55	16	0	13	95	30
水利、环境和公共设施管理业	3	0	0	3	313	313
居民服务和其他服务业	0	0	0	0	373	364
教育	1280	420	55	617	2207	1422
卫生、社会保障和社会福利业	525	461	0	0	544	325
文化、体育和娱乐业	0	0	0	0	41	34
公共管理和社会组织	575	25	0	467	3199	2918

13-2 社会从业人数

计量单位:万人

项 目	从业人数	女性	项 目	从业人数	女性
全 区 合 计	**21.34**	**9.12**	信息传输、计算机服务和软件业	0.02	0.01
一、按登记注册类型分			批发、零售业	3.45	1.55
国有经济	5.12	1.80	住宿和餐饮业	0.65	0.29
集体经济	3.41	1.28	金融业	0.32	0.15
外商投资经济	2.77	2.10	房地产业	0.07	0.03
股份制经济	6.40	2.55	租赁和商务服务业	0.03	0.01
私营经济	2.35	0.82	科学研究、技术服务和地质勘查业	0.02	0.01
个体经济	1.29	0.57	水利、环境和公共设施管理业	0.05	0.01
二、按企、事业、机关单位分			居民服务和其他服务业	0.02	0.01
企业	20.06	8.63	教育	0.37	0.18
事业	0.98	0.43	卫生、社会保障和社会福利业	0.19	0.07
机关	0.30	0.06	文化、体育和娱乐业	0.03	0.01
三、按国民经济行业分			公共管理和社会组织	0.69	0.21
农林牧渔业	0.26	0.05	国际组织	0	0
制造业	14.61	6.33	四、按三次产业分		
电力煤气和水的生产和供应业	0.02	0.01	第一产业	0.26	0.05
建筑业	0.48	0.17	第二产业	15.09	6.50
交通运输、仓储和邮政业	0.06	0.02	第三产业	5.99	2.57

13-3 城镇失业人员

计量单位:人

项　目	年末累计失业人数	本年新增失业人数	本年安置失业人数
合　计	36091	25659	23245

13-4 历年劳动就业情况

计量单位:万人

年　份	全区从业人数	本年新增失业人数	本年安置失业人数	本年安置率%
1994	8.09	0.39	0.22	56
1995	7.53	0.40	0.19	48
1996	8.58	0.40	0.37	93
1997	9.26	0.42	0.38	90
1998	9.61	0.43	0.38	88
1999	10.22	0.42	0.37	88
2000	9.10	0.42	0.34	81
2001	8.01	1.21	0.82	68
2002	9.30	1.34	1.07	80
2003	12.73	2.57	2.32	90

主要统计指标解释

职工工资总额 指各单位在一定时期内直接支付给本单位全部职工的劳动报酬总额。

工资总额的计算原则应以直接支付给职工的全部劳动报酬为根据。各单位支付给职工的劳动报酬以及其他根据有关规定支付的工资，不论是计入成本的还是不计入成本的，不论是按国家规定列入计征奖金税项目的，还是未列入计征奖金税项目的，不论是以货币形式支付的还是以实物形式支付的，均包括在工资总额内。

奖金 指支付给职工的超额劳动报酬和增收节支的劳动报酬。

津贴和补贴 指为了补偿职工特殊或额外的劳动消耗和因其他特殊原因支付给职工的津贴，以及为了保证职工工资水平不受物价影响支付给职工的物价补贴。

职工平均工资 指企业、事业、机关单位的职工在一定时期内平均每人所得的货币工资额。它表明一定时期职工工资收入的高低程度，是反映职工工资水平的主要指标。计算公式为：

$$职工平均工资=\frac{报告期实际支付全部职工工资总额}{报告期全部职工平均人数}$$

职工平均实际工资指扣除物价变动因素后的职工平均工资。计算公式为；

$$职工平均实际工资=\frac{报告期职工平均工资}{报告期城镇居民消费价格指数}$$

十四、服　务　业

THE SERVICES INDUSTRY

14-1 服务业财务状况

(执行行政事业会计制度单位)

项　　目	年末资产负债(万元)				本年支出合计(万元)	
	资产合计	#固定资产原值	负债合计	净资产合计		基本支出
总　　计	**83804.1**	**51517.4**	**15255.5**	**68548.6**	**63571.1**	**60919.3**
按国民经济行业分组						
广播电视传输服务业	96.8	72.1	16.2	80.6	94.3	94.3
商务服务业	2348	1317	366	1982	1278.1	1278.1
研究与试验发展	6524.4	1649.3	1349.6	5174.8	1598.4	1098.4
专业技术服务业	418.7	314	63.1	355.6	337.2	337.2
环境管理业	1055.9	785.4	178.4	877.5	817.4	817.4
公共设施管理业	115	85.6	19.4	95.6	86.4	86.4
居民服务业	326.3	242.7	55.1	271.2	251.7	251.7
教育	38325.2	25275.5	4897.6	33427.6	25580.2	24947.8
卫生	20833.5	12412.8	4863.6	15969.9	16829.6	16599.7
社会福利业	753.3	330.6	217.1	536.2	726.5	688.5
广播电视电影和音像业	892.8	494.3	105.2	787.6	528.9	528.9
文化艺术业	543.7	416.6	135.7	408	433.9	433.9
体育	403	299.8	68	335	309.5	309.5
中国共产党	1326.3	849.6	50.1	1276.2	1322.1	1322.1
国家机构	9240.8	6458.5	2803.4	6437.4	12582.9	11331.4
人民政协和民主党派	258.2	257	15	243.2	423.8	423.8
群众团体、社会团体和宗教组织	342.2	256.6	52	290.2	370.2	370.2

14-1 续 1　服务业财务状况

(执行行政事业会计制度单位)

项　　目	人员支出	基本工资	津贴	奖金	社会保障缴费	其他
总　　计	**25915.3**	**7978.2**	**7650.8**	**3463.2**	**4501.6**	**2321.5**
按国民经济行业分组						
广播电视传输服务业	51.7	15.9	16.8	5.4	10.1	3.5
商务服务业	640.7	192.6	177.3	86.3	108.6	75.9
研究与试验发展	624.2	192.1	144	39.8	176.2	72.1
专业技术服务业	158.3	48.1	50.3	19.8	26.4	13.7
环境管理业	388.6	117.4	116.7	48.3	67.3	38.9
公共设施管理业	42	12.7	12.7	5.1	7.3	4.2
居民服务业	120	36.3	36	14.9	20.8	12
教育	12392.5	3852.7	3522.2	1560.9	2497.8	958.9
卫生	5462.4	1672.8	1474	856	1042.5	417.1
社会福利业	167	67.5	34.8	9	35.3	20.4
广播电视电影和音像业	275.4	80.3	88.6	28.7	59.4	18.4
文化艺术业	240.5	68.6	77.4	37.8	41.8	14.9
体育	148	44.8	44.5	18.3	25.6	14.8
中国共产党	457.7	141.7	186.7	68.5	46	16.8
国家机构	4453.8	1329.6	1563.7	628.2	308.1	624.2
人民政协和民主党派	138.8	47.1	62.4	19.1	7.3	2.9
群众团体、社会团体和宗教组织	151.7	58	42.7	17.1	21.1	12.8

14-1 续 2　服务业财务状况

（执行行政事业会计制度单位）

项　目	公用支出	办公费	印刷费	水电费	邮电费	取暖费	交通费
总　计	**27081.5**	**1641.3**	**99.1**	**741.4**	**362.8**	**478.7**	**696**
按国民经济行业分组							
广播电视传输服务业	29.4	2.1	0.1	0.7	0.5	0.4	0.9
商务服务业	453.5	46.5	2.1	14.3	8.8	5.4	21.8
研究与试验发展	368.6	24.2	0.3	64.3	4.7	11.5	8.9
专业技术服务业	101.8	8.2	0.3	2.9	1.9	1.5	3.5
环境管理业	288.8	22.9	1.3	8.4	5.5	4.4	10.3
公共设施管理业	29.8	2.4	0.1	0.8	0.6	0.4	1
居民服务业	88.8	7	0.4	2.6	1.7	1.3	3.2
教育	8777.1	819.8	54	289.4	128.1	295.2	216
卫生	9465	107.8	15.6	253.2	50.8	136.6	92.3
社会福利业	89.4	6.7	0.1	10.8	2.6	0.7	10.2
广播电视电影和音像业	187.8	12.9	0.7	5.1	2.8	2.2	4.8
文化艺术业	130.6	9.3	0.3	6.5	2.3	1.2	5.3
体育	108.8	8.7	0.4	3.2	2.1	1.6	3.9
中国共产党	724.7	65.1	2.2	3.6	27.3	0.8	48.9
国家机构	5862.2	469	19.9	69.4	112.5	14.5	247
人民政协和民主党派	196.4	21.1	1	3.6	8.5		14.1
群众团体、社会团体和宗教组织	178.8	7.6	0.3	2.6	2.1	1	4.1

14-1 续3　服务业财务状况

（执行行政事业会计制度单位）

项　目	差旅费	会议费	培训费	招待费	福利费	劳务费	租赁费
总　计	**475.7**	**448.3**	**183.9**	**724.2**	**184.1**	**202.8**	**83.3**
按国民经济行业分组							
广播电视传输服务业	0.5	0.6	0.1	1	0.2	0.2	0.1
商务服务业	8.4	15.2	2.2	28	9.1	3.7	1.6
研究与试验发展	12.5		0.6	13.7	50	9.6	
专业技术服务业	2.4	2.4	0.5	4.7	1	1	0.4
环境管理业	6.1	7.2	2	11.4	3	3.2	1.5
公共设施管理业	0.6	0.7	0.1	1.2	0.2	0.2	0.1
居民服务业	1.9	2.2	0.6	3.5	0.9	1	0.4
教育	142.9	162.5	68.6	225.3	75.6	63.8	23.3
卫生	52.4	19	17.1	83.4	32.6	64.9	26.3
社会福利业		0.2	0.7	6.8	2.5	2.7	
广播电视电影和音像业	3.4	3.5	0.9	7.5	4.8	1.5	0.6
文化艺术业	2.1	2.5	0.5	4.5	0.8	0.9	3.6
体育	2.2	2.6	0.7	4.3	1.1	1.1	0.5
中国共产党	50.3	83.2	12.1	90.7	0.5	9.2	0.2
国家机构	167.6	110.8	75.2	222.8	1.2	38.9	20.4
人民政协和民主党派	20.3	33.9	1.2	12		0.3	3.1
群众团体、社会团体和宗教组织	2.1	1.8	0.8	3.4	0.6	0.6	1.2

14-1 续 4　服务业财务状况

（执行行政事业会计制度单位）

项　　目	本年支出					
	基本					
	公用支出					
	物业管理费	维修费	专用材料费	办公设备购置费	专用设备购置费	交通工具购置费
总　　计	**74.9**	**2786.4**	**6491.2**	**859.7**	**1208.5**	**703.4**
按国民经济行业分组						
广播电视传输服务业		3.1	2	1.1	5.3	1.1
商务服务业	0.3	45.7	29.8	18.2	17.7	33.4
研究与试验发展	10.3	2.4	68.8		60	19.4
专业技术服务业	0.1	12	8	4.2	5	4.4
环境管理业	0.4	34.1	23	12.3	14.6	12.8
公共设施管理业		3.7	2.4	1.3	1.5	1.3
居民服务业	0.1	10.5	7.1	3.8	4.5	3.9
教育	28.2	2129.7	394.2	457.9	897	233.1
卫生	35.2	293.8	5847	67.2	111.6	27.4
社会福利业		9.3		5.4	4.2	20.3
广播电视电影和音像业	0.1	20.8	10.8	5.7	9.1	6
文化艺术业	0.1	12.1	7	8.6	4.3	3.8
体育	0.1	13	8.7	4.6	5.4	4.9
中国共产党		22.4	4.1	66.3	2.6	117.9
国家机构		154.9	51.6	180.3	60.9	181.5
人民政协和民主党派		8.5		19.5	1	28.7
群众团体、社会团体和宗教组织		10.4	26.7	3.3	3.8	3.5

14-1 续 5 服务业财务状况

（执行行政事业会计制度单位）

项目	合计(万元)					
	支出					
						对个人和
	图书资料购置费	其他	对个人和家庭的补助支出	离休费	退休费	退职(役)费
总　计	**111.4**	**8524.8**	**7922.5**	**1344.7**	**2919.6**	**1.3**
按国民经济行业分组						
广播电视传输服务业	0.1	9.3	13.2	3	5.7	
商务服务业	1.3	140	183.9	41.8	69.7	
研究与试验发展	2.2	5.2	105.6	6.9	85	0.3
专业技术服务业	0.3	37.1	77.1	17.8	40	
环境管理业	1.2	103.2	140	33.7	54.6	
公共设施管理业	0.1	11.1	14.6	3.6	5.8	
居民服务业	0.3	31.9	42.9	10.4	16.8	
教育	95.4	1977.4	3778.2	557.9	1332.6	0.5
卫生	5	2125.8	1672.3	114.3	519.1	0.2
社会福利业		6.2	432.1	136.3	134.6	
广播电视电影和音像业	0.5	84.1	65.7	15.8	25.8	
文化艺术业	3.9	51	62.8	12.2	28.6	
体育	0.4	39.3	52.7	12.7	20.7	
中国共产党	0.2	117.1	137.7	37.1	57.2	
国家机构	0.4	3663.7	1015.4	311.1	451.9	0.3
人民政协和民主党派		19.6	88.6	20.5	55.9	
群众团体、社会团体和宗教组织	0.1	102.8	39.7	9.6	15.6	

14-1 续6 服务业财务状况

(执行行政事业会计制度单位)

项目	家庭的补助支出					本年
	抚恤和生活补助	医疗费	住房补贴	助学金	其他	项目支出
总计	**101.4**	**441.3**	**2434.3**	**103**	**576.9**	**2047.1**
按国民经济行业分组						
广播电视传输服务业	0.1	1.2	1.9		1.3	
商务服务业	2.8	18.1	31.4	1	19.1	
研究与试验发展	1.1	10.2	2.1			500
专业技术服务业	0.5	4.6	9	0.2	5	
环境管理业	2.1	13.4	21	0.9	14.3	
公共设施管理业	0.1	1.4	2.2		1.5	
居民服务业	0.6	4.1	6.4	0.2	4.4	
教育	45.1	196.3	1179.4	95.8	370.6	174.6
卫生	19	68.9	896.3	1.8	52.7	179.2
社会福利业	10	75.2	15.6		60.4	
广播电视电影和音像业	0.9	6.3	9.8	0.4	6.7	
文化艺术业	0.6	4	12.7	0.2	4.5	
体育	0.7	5	7.9	0.3	5.4	
中国共产党	1.2	2.5	35.1	2	2.6	
国家机构	16.3	26.5	185.8	0.1	23.4	1193.3
人民政协和民主党派			12		0.2	
群众团体、社会团体和宗教组织	0.3	3.6	5.7	0.1	4.8	

14-1续7 服务业财务状况

(执行行政事业会计制度单位)

项目	支出合计				年末从业人数(人)	单位个数(个)
	行政事业性项目支出	基本建设项目支出	其他项目支出	其他支出		
总计	**1233.5**	**658.9**	**154.7**	**604.7**	**8025**	**160**
按国民经济行业分组						
广播电视传输服务业					19	2
商务服务业					189	8
研究与试验发展		500			231	2
专业技术服务业					50	4
环境管理业					110	1
公共设施管理业					12	2
居民服务业					34	1
教育	15.7	158.9		457.8	3689	56
卫生	38.9		140.3	50.7	1832	11
社会福利业				38	52	4
广播电视电影和音像业					77	4
文化艺术业					87	5
体育					42	2
中国共产党					119	9
国家机构	1178.9		14.4	58.2	1404	41
人民政协和民主党派					36	1
群众团体、社会团体和宗教组织					42	7

14-2 服务业财务状况

（执行企业会计制度单位）

项 目	资本金合计	年 末 资 产				
		资产合计	流动资产合计	#存货	固定资产合计	固定资产原值
总 计	**7245.4**	**24141.8**	**8106.4**	**2044.8**	**14870.6**	**19647.3**
按国民经济行业分组						
城市公共交通业	96.6	203.9	66.8	9.8	117.1	164.5
仓储业	2804.9	11926	3338.7	1361.2	8399	10425.3
住宿业	1320.5	2684.9	637.8	151	1955.2	2712
商务服务业	252.5	783.8	252.5	53.5	486.9	665.9
专业技术服务业	254	721.9	273.4	45.7	411.5	600.6
环境管理业	38.8	120.5	38.8	8.2	74.9	102.4
公共设施管理业	1748.8	5406.2	2793.5	272.1	2089.7	3050
居民服务业	479.5	1493.6	431.9	92.4	869.8	1278.6
广播电视电影和音像业	116.5	361.7	116.5	24.7	224.7	307.3
文化艺术业	86.7	294.6	109.9	16.4	151.9	217.8
娱乐业	46.6	144.7	46.6	9.8	89.9	122.9

14-2 续1 服务业财务状况

（执行企业会计制度单位）

项 目	负 债(万元)					
	累计折旧	#本年折旧	无形及递延资产合计	负债合计	所有者权益	主营业务收入
总 计	**5869.2**	**486.2**	**174.3**	**8491.2**	**15650.6**	**8764.4**
按国民经济行业分组						
城市公共交通业	52	13.3	9.7	59.6	144.3	60.5
仓储业	2880.3	175.4	1.8	4256.7	7669.3	1575
住宿业	794.8	72.9	25.6	633.1	2051.8	1199.6
商务服务业	204.5	19.9		253.2	530.6	287.7
专业技术服务业	210.2	20.6		214.3	507.6	353.3
环境管理业	31.4	3		38.9	81.6	44.2
公共设施管理业	1039.1	119.6		2195.7	3210.5	4372.3
居民服务业	451.1	40.7	118.1	479.6	1014	597.5
广播电视电影和音像业	94.3	9.1		116.9	244.8	132.7
文化艺术业	73.8	8.1	19.1	196.5	98.1	88.7
娱乐业	37.7	3.6		46.7	98	52.9

14-2 续 2 服务业财务状况

（执行企业会计制度单位）

项　　目	主营业务成本	营业费用	业务税金及附加	主营业务利润	管理费用	损益及 #税金
总　　计	**5284.5**	**987.4**	**351.9**	**2140.6**	**2644.4**	**168.7**
按国民经济行业分组						
城市公共交通业	28.4	6.8	2.8	22.5	23.8	1
仓储业	516.4	188.3	82.5	787.8	1105.6	101.6
住宿业	504.6	475.6	61.8	157.6	341.3	21.6
商务服务业	154.3	37.1	13	83.3	79.8	5.5
专业技术服务业	165.9	30.7	17.1	139.6	105.5	4.8
环境管理业	23.7	5.7	2	12.8	12.1	0.8
公共设施管理业	3439.6	114.6	132.2	685.9	676.9	19.1
居民服务业	304.6	93.3	28.1	171.5	181.2	9.1
广播电视电影和音像业	71.2	17.1	6	38.4	36.8	2.5
文化艺术业	47.4	11.4	4	25.9	66.8	1.7
娱乐业	28.4	6.8	2.4	15.3	14.6	1

14-2 续 3 服务业财务状况

（执行企业会计制度单位）

项　　目	分　配(万元) 财产保险费	劳动、待业保险费	养老保险和医疗保险费	财务费用	#利息支出	营业利润
总　　计	**15.5**	**140.3**	**756.9**	**－15.3**	**－15.5**	**－421.6**
按国民经济行业分组						
城市公共交通业	0.1	1.6	15.1		－0.1	0.6
仓储业	6.1	27.6	198.2	－16.3	－16.3	－280.1
住宿业	0.9	13	173.3			－182.4
商务服务业	0.6	8.8	34.5			3.5
专业技术服务业	0.8	13.6	29.6	－0.1	－0.1	34.2
环境管理业	0.1	1.3	5.3			0.7
公共设施管理业	4.3	28.6	163.3	－1.1	－1.1	10.1
居民服务业	2	33.3	66.7	2.1	2.1	－11.8
广播电视电影和音像业	0.3	4	15.9			1.6
文化艺术业	0.2	6.9	48.7	0.1		1.3
娱乐业	0.1	1.6	6.3			0.7

14-2 续 4 服务业财务状况

(执行企业会计制度单位)

项 目	利润总额	应交所得税	工资、福利费(万元) 本年应付工资总额(贷方累计发生额)	本年应付福利费总额(贷方累计发生额)	年末从业人员数(人)	单位个数(个)
总 计	**-372.1**	**10.4**	**2005.1**	**263.5**	**1698**	**27**
按国民经济行业分组						
城市公共交通业	2.5	1.1	24.7	3.3	31	2
仓储业	-276.6	0.3	630.4	64.2	602	5
住宿业	-156.8	0.8	284.1	51.1	275	4
商务服务业	3.5	0.5	76.5	10.2	65	1
专业技术服务业	34.2	5.7	91.4	11.9	64	3
环境管理业	1.7	0.1	11.7	1.5	10	1
公共设施管理业	10.1	1.6	648	89.1	420	4
居民服务业	5.7	0.9	155.7	21.2	148	3
广播电视电影和音像业	1.6	0.2	35.3	4.7	30	1
文化艺术业	1.3	0.1	33.2	4.5	41	2
娱乐业	0.7	0.1	14.1	1.8	12	1

十五、教　　育

EDUCATION

15-1　区属小学基本情况

项目	学校数(所)	班数(个)	在校学生数(名)	2003年毕业生数(名)	升初中数(名)	2003年招生数(名)	教职工人数(名)	其中:专任教师(人)
小学	35	512	20348	3437	3437	3440	1486	1301

15-2　历年区属小学基本情况

年份	学校数(所)	班数(个)	在校学生数(名)	当年毕业生数	升初中数(名)	当年招生数(名)	教职工人数(名)	其中:专任教师(人)
1994	27	419	18329	3717	3717	4770	1183	1006
1995	37	543	23248	4157	4157	4687	1439	1225
1996	37	537	23120	3942	3942	3772	1429	1218
1997	36	539	23110	3396	3396	3308	1476	1266
1998	35	545	23491	2777	2777	3113	1523	1248
1999	35	550	23216	3508	3508	2973	1490	1295
2000	36	519	21620	4837	4837	3293	1484	1281
2001	35	499	20070	4527	4527	3039	1498	1315
2002	34	490	19680	3805	3805	3122	1493	1448
2003	35	512	20348	3437	3437	3440	1486	1301

15-3　普通中学基本情况

学校	班数(个)		在校学生(人)		教职工人数(人)		
						#专任教师	
	初中	高中	初中	高中	合计	初中	高中
合　计	**211**	**72**	**10986**	**4260**	**1339**	**638**	**252**
第三中学		36		1950	179		112
第二十二中学	27		1429		149	98	
第二十七中学	12		530		69	33	
第三十一中学	30		1540		116	75	
第三十三中学	19		925		91	55	
第四十九中学	18		627		82	51	
第五十八中学		36		2310	237		140
第六十一中学	33		1780		128	93	
第六十二中学	30		1786		114	112	
第六十三中学	24		1272		96	66	
第六十四中学	18		1097		78	55	

15-4 历年普通中学基本情况

年份	班数(个)		在校学生(人)		教职工人数(人)		
						#专任教师	
	初中	高中	初中	高中	合计	初中	高中
1994	204	111	10898	5950	1247	688	475
1995	219	68	12346	3649	1292	697	295
1996	225	58	12751	3299	1465	778	199
1997	210	59	11622	3363	1458	699	211
1998	187	62	9943	3670	1383	608	222
1999	183	66	9521	3845	1351	576	226
2000	198	65	10937	3753	1330	561	234
2001	222	67	12562	3730	1377	641	246
2002	224	67	12358	3707	1377	643	251
2003	211	72	10986	4260	1339	638	252

15-5 少年宫活动情况

项目名称	单位	2003 年	2002 年	2003 年为 2002 年(%)
一、举办少儿活动次数	次	47	30	156.67
参加人数	人	15000	1500	1000.00
二、举办少儿艺术班个数	个	53	50	106.00
参加人数	人	1800	2000	90.00
三、举办区级比赛	次	12	17	70.59
四、组织社会活动次数	次	10	15	66.67
观众人次	人次	4000	3000	133.33
五、参加市级比赛	次	18	7	257.14

15-6　城市托幼情况

项目	单位	2003年	2002年	2003年为2002年(%)
一、园所数	处	92	84	109.52
幼儿园	处	46	49	93.88
托儿所	处	46	35	131.43
二、班次	个	360	272	132.35
幼儿园	个	276	232	118.97
托儿所	个	84	40	210.00
三、在园人数	人	7720	7385	104.54
幼儿园	人	6728	6461	104.13
托儿所	人	992	924	107.36
四、教职工人数	人	799	778	102.70
幼儿园	人	715	670	106.72
托儿所	人	84	108	77.78

十六、卫生、社会保障和社会福利业

PUBLIC HEALTH AND THE PUBLIC－RUN WELFARE CAUSE UNITS

16-1 卫生机构情况

项　目	机构数（个）	床位数（个）	全部职工人数(人)	卫生技术人员(人)	管理人员(人)	工勤人员(人)
合　计	**361**	**1775**	**3150**	**2690**	**223**	**235**
一、医院	10	1775	2393	1953	208	230
1. 市属医院	3	1065	1613	1321	139	151
第三人民医院	1	300	468	372	52	42
第四人民医院	1	200	296	236	33	27
第八人民医院	1	565	849	713	54	82
2. 市属工业部门医院	3	330	265	211	17	37
胶二医院	1	80	50	35	9	6
钢厂医院	1	200	168	133	4	31
省建机械厂医院	1	50	47	43	4	
3. 区属医院	4	380	515	421	52	42
区医院	1	210	282	231	26	25
区二院	1	80	62	48	5	9
区三院	1	50	64	52	12	
区五院	1	40	107	90	9	8
二、工厂保健站	89		380	380		
三、疾病控制机构	1		38	25	11	2
四、卫生监督机构	1		33	30	1	2
五、妇幼保健站	1		26	22	3	1
六、个体开业诊所	259		280	280		

16-2 历年卫生机构情况

年份	机构数（个）	床位数（个）	全部职工人数（人）	卫生技术人员（人）	管理人员（人）	工勤人员（人）
1994	54	1555	2813	2234	204	273
1995	124	1724	2912	2383	216	284
1996	124	1805	3020	2317	240	226
1997	120	1711	3202	2593	266	397
1998	120	1673	3262	2616	263	383
1999	172	1661	2805	2323	215	337
2000	101	1654	3119	2587	209	250
2001	196	1716	4045	3393	203	226
2002	217	1915	2867	2327	169	240
2003	361	1775	3150	2690	223	235

16-3 区属卫生医疗情况

项 目	单 位	合 计	区医院	区二院	区三院	区五院
一、门诊情况	万人次	20.2	7.8	4.4	2.8	5.2
1. 诊疗人次数	万人次	19.1	7.5	4.1	2.7	4.8
门诊	万人次	18.1	7	3.9	2.5	4.7
急诊	人次	9360	4669	2365	1413	913
2. 健康检查人数	人次	10888	3000	3145	290	4453
二、住院治疗情况						
当年入院人数	人	2534	1500	456	428	150
当年出院人数	人	2528	1477	461	444	146
＃治愈	人	692	483	173	30	6
好转	人	1587	771	273	407	136
未愈	人	62	49	11	2	
死亡	人	40	27	4	5	4
年底实有人数	人	137	84	22	11	20
三、家庭病床情况						
当年开设病床数	张	447	447			
年底实有病床数	张	447	447			

16-4 历年卫生医疗门诊情况

年份	诊疗人次数（万人次）	＃门诊（万人次）	＃急诊（人次）	健康检查人数（人次）
1994	36.9354	25.4005	8104	10971
1995	15.3774	13.0016	6449	6610
1996	23.4422	22.5455	8967	1731
1997	26.4269	25.7467	9263	14679
1998	26.1294	25.241	8884	3180
1999	25.3265	24.8143	9423	10553
2000	29.1924	27.8913	13011	4368
2001	24	22.9	10675	8015
2002	23.15	22.18	9974	10618
2003	19.1	18.1	9360	10888

16-5 历年卫生医疗住院治疗情况

年份	当年入院人数	当年出院人数	＃治愈	好转	未愈	死亡	年底实有人数
1994	1898	1892	1360	336	51	36	221
1995	2060	1650	469	262	42	43	77
1996	2345	2357	840	896	60	63	95
1997	2134	2120	751	718	49	55	106
1998	2488	1955	1178	649	63	65	147
1999	2699	2718	1292	877	62	67	530
2000	2875	2847	1143	1131	90	77	135
2001	2806	2735	950	1248	65	75	186
2002	3099	3165	958	1832	57	71	125
2003	2534	2528	692	1587	62	40	137

16-6 历年家庭病床情况

年份	当年开设病床数(张)	年底实有病床数(张)
1994	34	116
1995	12	12
1996	11	11
1997	13	380
1998	13	240
1999	290	290
2000	13	13
2001	545	188
2002	814	814
2003	447	447

16-7 民政事业费支出情况

单位：千元

项　　目	2003年	2002年	2003年比2002年增(+)减(-)
一、抚恤事业费	751	1657	-906
牺牲病故抚恤费	297	370	-73
伤残抚恤费	231	514	-283
复员退伍军人生活补助费	223	773	-550
二、军队移交地方安置的离退休人员费用	1922	1341	581
三、社会救济福利事业费	7982	6021	1961
#农村社会救济费	494	333	161
城镇社会救济费	7488	5498	1990
四、救灾支出	126	120	6
五、其他民政事业费	4101	3803	298

16-8 社会救济情况

计量单位：人

项　　目	2003年	2002年	2003年比2002年增(+)减(-)
一、社会救济对象			
困难户人数	7247	6428	819
城镇困难户人数	5957	4350	1607
农村困难户人数	1290	1398	-108
社会孤老残幼人数	1011	79	932
城镇孤老残幼人数	1011	79	932
其中：老人	64	63	1
农村五保户人数	40	38	2
其中：老人	40	38	2
二、城镇居民最低生活保障人数	5957	4850	1107
"三无"对象	64	63	1
新增对象	1107	1468	-361

16-9 历年社会救济情况

年份	社会救济对象								城镇居民最低生活保障人数		
	困难户人家	#城镇困难户人数	#农村困难户人数	社会孤老残幼人数	#城镇孤老残幼人数	#老人	#农村五保户人家	#老人	合计	"三无"对象	新增对象
1997	2033	1607	426	289	195	23	94	94	1527	23	1504
1998	2349	1642	707	287	195	23	92	92	1642	23	1619
1999	3132	2285	847	92	92	92	62	62	2252	1688	564
2000	3937	2650	1287	22	22	10	90	90	2628	21	2607
2001	4079	2958	1121	58	58	44	13	13	2958	44	535
2002	6428	4350	1398	79	79	63	38	38	4850	63	1468
2003	7247	5957	1290	1011	1011	64	40	40	5957	64	1107

注:1994 年至 1996 年缺少相关资料

16-10 优抚安置情况

项　　目	单位	2003 年	2002 年	2003 年比 2002 年增(+)减(-)
一、年末优抚对象	人	8490	8335	155
革命伤残人员	人	455	452	3
烈军属人员	人	6609	6483	126
在乡复员军人	人	61	60	1
在乡退伍军人	人	1360	1340	20
二、优抚对象优待抚恤情况				
在职伤残抚恤金人数	人	378	375	3
在乡伤残抚恤金人数	人	77	77	0
享受定期抚恤金人数	人	32	32	0
享受定补年末人数	人	71	70	1
优待烈军属户数	户	639	603	36

16-11 历年优抚安置情况

年份	年末优抚对象				优抚对象优待抚恤情况				
	革命伤残人员	烈军属人数	在乡复员军人	在乡退伍军人	在职伤残抚恤金人数	在乡伤残抚恤金人数	享受定期抚恤金人数	享受定补年末人数	优待烈军属户数
1994	392	5567	95	1928			75	87	706
1995	404	5576	80	1971			61	19	410
1996	408	6380	78	1170			47	83	628
1997	409	6382	78	1217	383	26	46	85	685
1998	412	6262	58	1268	387	25	38	86	688
1999	416	6345	58	1278	391	25	38	66	688
2000	417	6404	58	1278	393	24	45	66	588
2001	437	6396	59	1390	418	26	32	69	588
2002	452	6483	60	1340	375	77	32	70	603
2003	455	6609	61	1360	378	77	32	71	639

16-12 社会办福利事业、企业情况

项　　目	单位	2003年	2002年	2003年比2002年增(+)减(-)
一、敬老院				
院数	个	9	7	2
职工人数	人	162	64	98
床位数	张	429	254	175
收养人数	人	280	186	94
#老人	人	280	165	115
二、福利企业				
单位数	个	52	54	-2
职工人数	人	1660	1713	-53
#残疾职工	人	744	750	-6
年末固定资产原值	万元	7330	9378	-2048
年销售收入	万元	21498	28012	-6514
年利润额	万元	1070	1517	-447
负债总额	万元	7330	4820	2510

十七、文化、体育和娱乐业

CULTURE , SPORTS AND AMUSEMENT

17-1　文化基本情况

项　　目	单位	2003 年	2002 年	2003 年比 2002 年 增(＋)减(－)
藏书	万册	28	45	62.22
总收入	千元	7957	5125	155.26
总支出	千元	7718	4641	166.30
预算内	千元	6440	4033	159.68
固定资产原值	万元	468	294	159.18
文化站机构数	个	11	11	100.00
图书室	个	11	11	100.00
全部职工人数	人	166	124	133.87
高级职称	人	13	7	185.71
中级职称	人	56	40	140.00
初级职称	人	37	6	616.67
其他	人	60	41	146.34
业务人员	人	115	51	225.49
组织文化活动	次	280	198	141.41
举办培训班	班次	18	17	105.88

17-2　历年文化基本情况

年份	藏书 (万册)	固定资产原值 (万元)	全部职工人数	组织文化活动	举办培训班
1994	27	237	164	26	17
1995	27	240	165	25	18
1996	28	250	170	24	15
1997	27	274	141	70	7
1998	28	275	144	62	4
1999	28	279	196	95	8
2000	28	283	178	120	2
2001	29	569	167	132	4
2002	45	294	124	198	17
2003	28	468	166	280	18

17-3 文化站基本情况

项目	工作人员(人)	文化站事业费(千元)		建筑面积(m^2)	藏书(万册)
		补助经费	总支出		
合计	**11**	**220**	**220**	**368**	**5.4**
李村街道办事处	1	20	20	30	0.6
虎山路街道办事处	1	20	20	30	1.5
浮山路街道办事处	1	20	20	20	0.4
永清路街道办事处	1	20	20	30	0.2
振华路街道办事处	1	20	20	28	0.7
永安路街道办事处	1	20	20	30	0.2
兴华路街道办事处	1	20	20	25	0.4
兴城路街道办事处	1	20	20	20	0.4
楼山街道办事	1	20	20	50	0.3
湘潭路街道办事处	1	20	20	70	0.6
九水路街道办事处	1	20	20	35	0.1

17-4 历年街道文化站基本情况

年份	工作人员(人)	文化站事业费(千元)		建筑面积(m^2)	藏书(万册)
		补助经费	总支出		
1994	13	15	59	380	11760
1995	13	18.5	65	420	13810
1996	14	23.5	48	980	25500
1997	14	589	556	475	32500
1998	16	140	142	475	39000
1999	12	140	140	470	38000
2000	11	204	204	720	40000
2001	11	165	165	720	40000
2002	11	186	186	490	49000
2003	11	220	220	368	54000

17-5　体育参赛情况

项　目	参赛次数(次)	参赛名称	取得成绩
一、市级比赛	1	市小学生乒乓球赛	团体总分第二名
	1	市小学生篮球赛	混合队:男、女都第二名
			基层队:男队第四、六名
			女队第七、八名
	1	市小学生排球赛	基层队:女队第一名
	1	市小学生网球比赛	混合队:团体总分第一名
			基层队:第一名
	1	市小学生足球赛	基层队:男队第六名
	1	市广播操比赛	基层队两个一等奖
二、国家级比赛	1	"幼苗杯"乒乓球赛	女子甲组第三名、女子乙组第五名、女子丙组第五名、男子乙组第五名

17-6　体育队伍组织情况

目　项	教练员人数(人)	运动员(人)
一、业余运动队		
游泳队	4	80
田径队	5	60
乒乓球队		
柔道队	1	20
二、体育传统学校		
省级传统项目(乒乓球、篮球)	4	65
市级传统项目(田径、排球、篮球、足球)	8	125

17-7　历年体育队伍组织情况

年份	业余运动队员(人)				体育传统学校队员(人)	
	游泳队	田径队	乒乓球队	柔道队	省级传统项目（乒乓球、篮球）	市级传统项目（田径、排球、篮球、足球）
1994	160	120			75	
1995	160	120			75	
1996	40	460	100		50	100
1997	70	400	60	12	50	100
1998	60	75	100	13	50	200
1999	100	150	30	25	50	100
2000	100	150	30	20	50	150
2001		150	30	20	70	180
2002	40	60	30	10	60	150
2003	80	60		20	65	125

17-8　群众体育活动开展情况

项　　目	个数(个)	辅导人数(人)	参加运动人数(人)
区级老年协会	1	4080	31500
区直部门级老年协会	25	780	32680
各类辅导站	136	4580	33180
老年人球队	26	280	280
武术协会	1	30	58
钓鱼协会	1	28	236

十八、科学研究、技术服务

THE STUDY OF THE SCIENCE AND THE SERVICE OF THE TECHNOLOGY

18-1 科技人员情况

(不包括市属以上单位)　　计量单位:人

项　目	当年已评定人员				截止2003年评定人员			
	合计	高级	中级	初级	合计	高级	中级	初级
合　计	**446**	**21**	**113**	**312**	**12649**	**433**	**2946**	**9270**
一、自然科学方面	326	20	68	238	8984	389	2335	6260
工程技术	179	12	22	145	3320	124	445	2751
农业技术					19	4	1	14
教学	108		45	63	4279	152	1513	2614
卫生	39	8	1	30	1365	109	375	881
实验					1		1	
二、社会科学方面	120	1	45	74	3665	44	611	3010
审计					9		6	3
会计	94		33	61	1852	8	312	1532
统计					238		38	200
工艺美术师					63		11	52
经济	13		12	1	1227	26	166	1035
编辑、记者、播音					7		1	6
体育锻炼					13	3	9	1
图书档案	13	1		12	256	7	68	181

18-2 新产品开发情况

(不包括市属以上单位)

项　目	承担单位
高仿真人造革浆料	青岛新宇田化工有限公司
“火圣”金属焊割气	青岛乙炔气厂
新型引气剂常湿生产技术	青岛颐梅化学建材有限公司
别克轿车空调器轴承 4608－3AC2RS	青岛泰德汽车轴承有限责任公司
埋地式无动力生活污水处理新装置	青岛海洁环境工程有限公司
达克罗表面处理技术	青岛林达实业有限公司
磁性水平仪	青岛达美精密机械有限公司
智能式水泥凝结时间测定仪	青岛达美精密机械有限公司
薄刀分切压痕机	青岛佳友包装机械有限公司
“欧阳净”G7－702 脱臭杀菌空气净化器	青岛格瑞电子有限公司
常压催化法连续生产二环已胺工业化实验	青岛国大化工有限公司
重型车传动轴总成端面齿连接技术	青岛汽车传动轴厂
安全窨井盖	青岛天路实业有限公司
CEMS－2001 烟尘烟气连续监测系统	青岛崂山电子仪器总厂有限公司

18-3 科技成果情况

(不包括市属以上单位)

成　果	水平	完成单位	鉴定时间
高仿真人造革浆料	国内领先	青岛新宇田化工有限公司	2003.10.28
新型引气剂常湿生产技术	国内领先	青岛颐梅化学建材有限公司	2003.9.27
轿车双列角接触轴承	国内领先	青岛泰德汽车轴承有限责任公司	2003.9.5
别克轿车空调器轴承 4608－3AC2RS	国内领先	青岛泰德汽车轴承有限责任公司	2003.9.5
磁性水平仪	国内领先	青岛达美精密机械有限公司	2004.1.6
智能式水泥凝结时间测定仪	国内领先	青岛达美精密机械有限公司	2004.1.6
薄刀分切压痕机	国内领先	青岛佳友包装机械有限公司	2003.12.27
“欧阳净”G7－702 脱臭杀菌空气净化器	国际先进	青岛格瑞电子有限公司	2003.11.18
常压催化法连续生产二环己胺工业化实验	国内领先	青岛国大化工有限公司	2003.12.9
重型车传动轴总成端面齿连接技术	国内先进	青岛汽车传动轴厂	2003.12.18
安全窨井盖	国内领先	青岛天路实业有限公司	2003.11.27

18-4 历年来科技成果情况

(不包括市属以上单位)

年份	科技成果数(个)
1994	6
1995	9
1996	8
1997	11
1998	12
1999	3
2000	7
2001	4
2002	13
2003	11

十九、储蓄、保险

SAVING AND INSURANCE

19-1 居民存款余额

计量单位:万元

项　　目	2003年	2002年	2003年为2002年(%)
一、年末储蓄余额	**704060**	**642533**	**109.58**
中国银行青岛市分行李沧支行	125210	108224	115.70
中国工商银行青岛市发行李沧支行	203066	197274	102.94
中国建设银行青岛市分行李沧支行	97910	97056	100.88
中国交通银行青岛市分行李沧支行	68688	59387	115.66
中国农业银行青岛市分行李沧支行	144242	123862	116.45
青岛市商业银行向阳路支行	7648	6637	115.23
青岛市商业银行永平路支行	4862	4211	115.46
青岛市商业银行升平路支行	3139	2251	139.45
青岛市商业银行楼山路支行	2251	1666	135.11
中国中信银行青岛市分行李沧支行	5477	5847	93.67
中国光大银行青岛市分行李沧支行	8987	4216	213.16
邮电部门	11810	12243	96.46
李沧农村信用社	20770	19659	105.65
二、平均每人存款额(元)	**20116**	**18358**	**109.58**

注:平均每人存款额按常住人口35万人计算。

19-2 基本养老保险

计量单位:万元

项　　目	2003年	2002年	2003年为2002年(%)
基金收入	40196	35255	114
基金支出	49164	45844	107

二十、财政收支

GOVERNMENT REVENUE AND EXPENDITURES

20-1　地方财政收支

计量单位：万元

项目名称	2003 年	2002 年	2003 年比 2002 年增长(%)
一、财政收入	**37676**	**31938**	**22.2** *
#工商税收入	33114	25880	27.95
二、财政支出	**41984**	**43600**	**-3.71**
#卫生文教事业费	9983	10259	-2.69
#教育经费	8401	8001	5.00

注：财政收入增长速度按省可比口径调整

20-2　历年财政收入

计量单位：万元

年份	财政收入	#工商税收入
1994	5201	3922
1995	7076	5607
1996	9243	6985
1997	12030	8731
1998	13872	12511
1999	15508	14605
2000	17482	16558
2001	21436	20396
2002	31938	25880
2003	37676	33114

根据青岛市人民政府《关于财政管理体制改革的意见》(青政发【2002】55 号)文件精神，自 2002 年 1 月 1 日起按属地化原则划分市本级固定收入、市与区共享收入和区级固定收入。

主要统计指标解释

财政收入　包括:(1)各项税收包括增值税、营业税、消费税、土地增值税、城市维护建设税、资源税、城市土地使用税、印花税、固定资产投资方向调节税、个人所得税、企业所得税、关税、农牧业税和耕地占用税等。

(2)专项收入包括征收排污费、征收城市水资源费收入、教育费附加收入等。

(3)其他收入包括基本建设贷款归还收入、国家能源交通重点建设基金收入、国家预算调节基金等。

(4)国有企业计划亏损补贴这项为负收入,冲减财政收入。

财政支出　国家财政将筹集起来的资金进行分配使用,以满足经济建设和各项事业的需要。

二十一、司　　法

JUSTICE

21-1 律师、公证及调解工作基本情况

项　　目	计量单位	2003 年	2002 年	2003 年比 2002 年 增(+)减(-)
律师工作				
律师事务所	个	2	3	-1
律师工作人员	人	51	68	-17
聘请担任常年法律顾问单位	处	82	110	-28
民事诉讼代理	件	501	841	-340
刑事辩护	件	54	80	-26
非诉讼法律事务	件	20	38	-18
解答法律咨询	人次	2850	2825	25
代写法律事务文书	件	645	822	-177
公证工作				
公证处	个	1	1	0
公证人员	人	6	7	-1
#公证员	人	4	4	0
办理国内公证文书	件	2200	3900	-1700
#经济合同证书	件	300	120	180
人民调解工作				
专职司法助理员	人	11	11	0
人民调解委员会	个	172	152	20
调解人员	人	4738	4738	0
调解民事纠纷	件	1485	1413	72

21-2 调解民间纠纷分类

分类	2003 年	2002 年	2003 年比 2002 年 增(+)减(-)
合　计	**1334**	**1413**	**-79**
婚姻	195	201	-6
继承	206	198	8
赡、抚、扶养	142	132	10
房屋、宅基地	30	21	9
邻里	174	264	-90
债务	62	55	7
生产经营	33	32	1
损害赔偿	49	47	2
其他	443	463	-20

主要统计指标解释

律师　指受聘参加法律顾问处工作，提任法律顾问、刑(民)事代理人、刑事辩护人、办理非诉讼事件、解答法律询问、代定法律事务文书等主要从事律师业务的专职法律工作者和兼职律师。

公证人员　指在国家公证机关依法办理公证事务的司法人员。包括公证员、助理公证员和在公证员和在公证处工作的其他人员。

办理公证文书　指公证处在一定时期内办结的公证文书件数。公证文书系按司法部规定或批准的格式制作。包括国内公证和涉外公证两部分。其中国内公证分为经济合同公证和民事法律关系公证两大类。

调解人员　在人民调解委员会担负调解民间一般民事纠纷和轻微违法行为所引起和纠纷的工作人员。包括调解委员会的委员和调解小组的调解员。

调解民间纠纷　指调解委员会依照法律规定，根据自愿原则，用说服教育的方法调解民间发生的有关民事权利和义务的争执，促成当事双方达到协议和谅解，解决纠纷。包括婚姻家庭纠纷，财产权益纠纷等。不包括法院受理调解的民事案件数。

二十二、工　　会

LABOUR UNION

22-1　工会工作情况

项　　目	单　位	2003年
基层工会组织数	个	258
职工人数	人	32874
#女职工	人	19598
会员人数	人	28948
#女会员	人	17730
专职干部	人	42
工会积极分子人数	万人	0.15
提出合理化建议	件	610
已实施建议	件	214
已实施合理化建议创造的经济效益	万元	191
开展劳动竞赛单位	个	530
救助困难职工	人次	1190
救助金额	万元	55.85

二十三、婚姻登记

THE MARRIAGE REGISTRATION

23-1 民政部门婚姻登记情况

项　　目	单位	2003年	2002年	2003年比2002年增(+)减(-)
一、准予登记结婚数	对	2486	1972	514
初婚数	人	4415	3517	898
再婚数	人	557	397	160
＃男	人	301	208	93
再婚中恢复结婚数	对	7	15	-8
二、申请离婚数	对	175	104	71
＃准予登记离婚数	对	175	87	88

23-2 历年民政部门婚姻登记情况

年数	准予登记结婚数(对)	初婚数(人)	再婚数(人)	＃男(人)	再婚中恢复结婚数(对)	申请离婚数(对)	＃准予登记离婚数(对)
1994	3123	5176	530		20	132	110
1995	2799	5179	419	211	22	82	82
1996	2684	4954	414	223	12	112	69
1997	2521	4647	395	103	21	138	97
1998	2446	4402	490	267	24	112	82
1999	2544	4603	485	239	22	160	82
2000	2340	4213	467	224	22	98	69
2001	2319	4141	497	240	21	86	86
2002	1972	3517	397	208	15	104	87
2003	2486	4415	557	301	7	175	175

二十四、社会团体

THE SOCIAL ORGANIZATIONS

24-1 社会团体管理

项　目	单位	数量
上年末实有社团机构数	个	15
本年准予登记社团机构数	个	3
本年注销社团数	个	2
本年末实有社团机构数	个	16

24-2 历年社会团体管理

年份	上年末实有社团机构数	本年准予登记社团机构数	本年注销社团数	本年末实有社团机构数
1994	75	0	0	75
1995	75	2	1	76
1996	76	3	2	77
1997	77	1	0	78
1998	78	4	67	15
1999	15	1	0	16
2000	16	1	0	17
2001	17	4	3	18
2002	18	0	3	15
2003	15	3	2	16

二十五、行政区划

THE AREA OF ADMINISTRATION

25-1 行政区划

项　　目	计量单位	2003 年
一、行政区划		
街道办事处	个	11
二、基层群众性自治组织		
居民委员会	个	96
委员人数	个	623
居民小组	个	3479
村民委员会	个	25
委员人数	个	60
村民小组	个	250

25-2 基层群众自治组织

计量单位:个

项　　目	居委会	村委会
合　　计	**96**	**25**
李村街道办事处	18	
虎山路街道办事处	7	5
浮山路街道办事处	11	
水清路街道办事处	12	
振华路街道办事处	9	
永安路街道办事处	11	
兴华路街道办事处	6	
兴城路街道办事处	8	
楼山街道办事处	6	
湘潭路街道办事处	8	
九水路街道办事处		20

25-3　历年基层群众自治组织

年份	街道办事处（个）	基层群众性自治组织					
		居民委员会（个）	委员人数（人）	居民小组（个）	村民委员会（个）	委员人数（人）	村民小组（个）
1994	8	145	581	648	52	310	278
1995	8	145	581	648	53	310	278
1996	8	161	533	648	53	227	278
1997	8	162	540	648	53	227	278
1998	8	89	416	1693	53	212	399
1999	8	89	416	1693	53	95	417
2000	11	69	414	2143	53	95	417
2001	11	54	422	2156	53	95	417
2002	11	98	318	2390	25	63	183
2003	11	96	623	3479	25	60	250